El Éxito Supremo

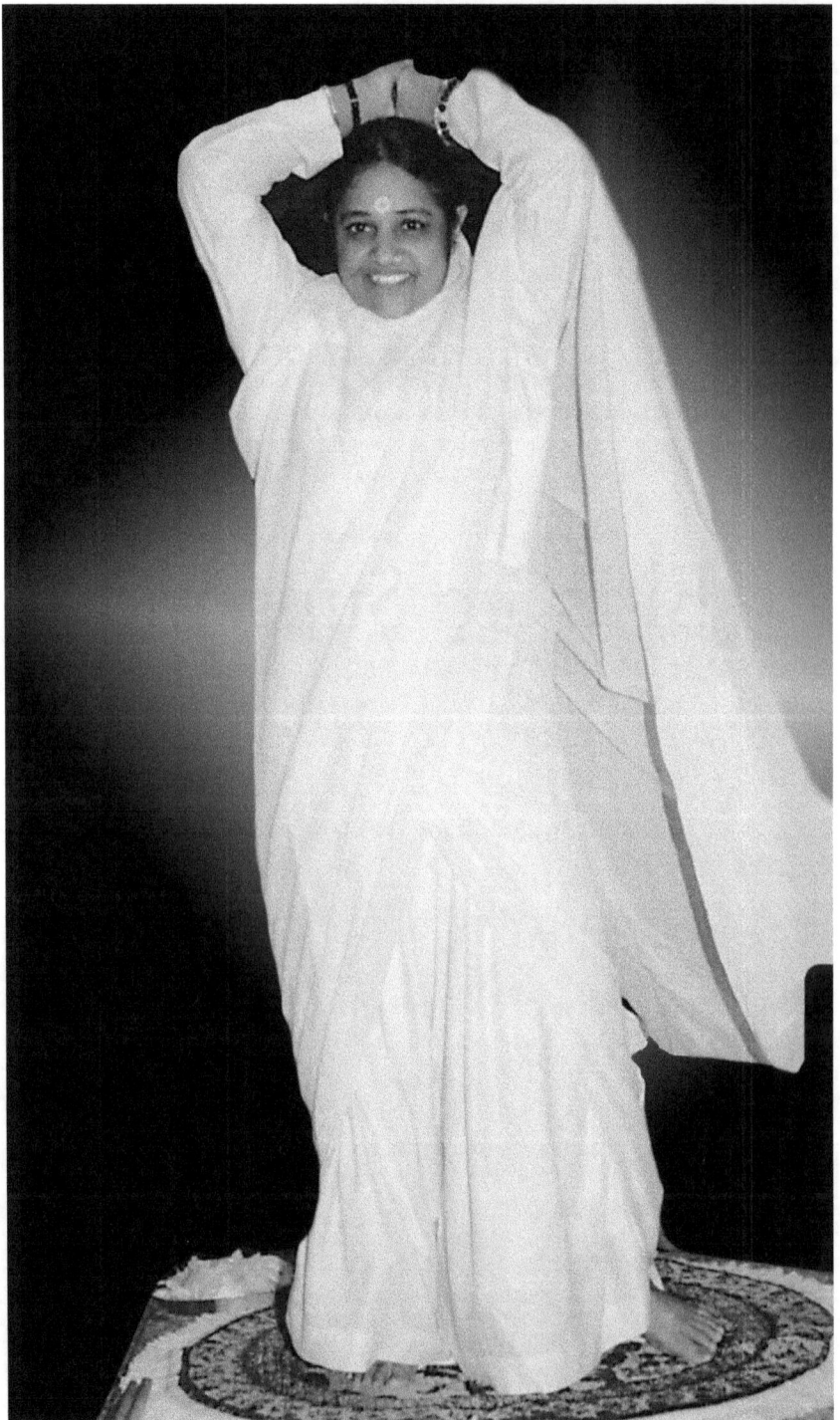

EL ÉXITO SUPREMO

Disertaciones sobre espiritualidad
por
Swami Ramakrishnananda Puri

Mata Amritanandamayi Center, San Ramon
California, Estados Unidos

El Éxito Supremo

Disertaciones sobre espiritualidad escritas por Swami Ramakrishnananda Puri

Publicado por
Mata Amritanandamayi Center
P.O. Box 613
San Ramon, CA 94583
Estados Unidos

———————— *Ultimate Success (Spanish)* ————————

Primera edición por MA Center: septiembre de 2016

En España: www.amma-spain.org
fundación@amma-spain.org

En la India:
inform@amritapuri.org
www.amritapuri.org

Dedicatoria

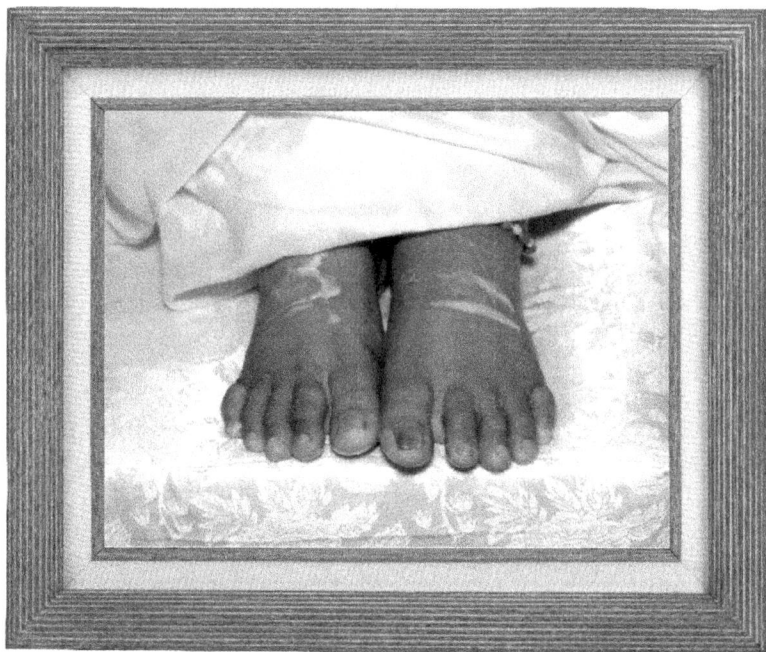

*Ofrezco humildemente este libro
a los pies de loto de mi amada Satgurú,
Mata Amritanandamayi Devi.*

Índice

Prólogo

yo dhruvam parityajya adhruvam parisevate
dhruvam tasya naśyathi adhruvam naṣṭameva hi

Aquel que abandona lo Perdurable en aras de lo
pasajero, pierde lo Perdurable y ni siquiera lo pasajero
permanece con él.

—Antiguo proverbio hindú

En el mundo moderno, hay innumerables medios para disfrutar los placeres de los cinco sentidos. Así como hay una súper autopista de la información, también hay una "súper autopista de la sensación". Desde los más desfavorecidos a los más ricos, en la escala social, todos tienden a perseguir los placeres materiales, creyendo que la satisfacción del deseo es la clase más elevada de felicidad que el mundo nos ofrece.

Sin embargo, en el fondo, todos dudamos de que seamos capaces de conseguir nuestros deseos y objetivos. Sabemos que a un multimillonario puede faltarle el amor de sus hijos, que un atleta que ha conseguido la medalla de oro olímpica puede sufrir estrés mental y que un matrimonio de estrellas de cine puede naufragar.

La verdad es que nada del mundo externo nos puede proporcionar satisfacción duradera. Eso no quiere decir que los seres humanos no debamos perseguir la felicidad mundana. Sin embargo, mientras disfrutamos de los placeres terrenales, deberíamos ser capaces de comprender su verdadera naturaleza y buscar también aquello que nos dará la felicidad perdurable.

La única persona que ha colmado todos sus deseos es aquella que ha trascendido la identificación con el cuerpo, la mente y el intelecto y, de esa manera, ha realizado su verdadera naturaleza como Ser Universal, el cual está presente en todos los seres como pura conciencia. Cuando, por experiencia directa y personal, nos damos cuenta de que sólo hay un "Ser", comprendemos que no hay nada más que obtener en toda la creación, y somos capaces de sumergirnos en el océano de la dicha, que es nuestra verdadera naturaleza y nuestro hogar final.

En cambio, si nos pasamos la vida persiguiendo los objetos temporales del mundo, desaprovecharemos la dicha permanente del Ser y, al final, también nos quedaremos sin los objetos del mundo, ya sea en el momento de la muerte o incluso antes.

Amma es el vivo ejemplo de una persona que ha conseguido todo lo que hay que conseguir. Desde nuestra perspectiva actual, puede parecer que los objetos mundanos nos ofrecen toda la felicidad. Pero para Amma, que conoce su propia Naturaleza Verdadera, esos objetos son como cacahuetes. Cuando alcanzamos el estado de Auto-Realización, podemos tener todo lo que queramos, pero es un estado de plenitud tal que no queda lugar para los deseos; no tenemos el sentimiento de que nos falte algo.

Al haber tenido la gran fortuna de vivir con Amma durante los últimos 27 años, me gustaría compartir algunas experiencias que he tenido con ella, así como las enseñanzas que he recibido a lo largo del camino. Las palabras que aquí se recogen, basadas en la tradición de la sabiduría védica, así como en mis propias experiencias con un Satgurú (Maestro Verdadero), analizan los posibles obstáculos en el camino hacia la Auto-Realización, así como los infinitos beneficios que obtenemos con esa victoria final sobre nuestro ego.

En una ocasión, un devoto me comentó: "Amma es un enigma envuelta en el misterio de otro enigma". No sólo no sabemos quién es Amma, sino que ni siquiera sabemos quiénes somos nosotros. En cambio, Amma sabe por propia experiencia que ella y nosotros, así como toda la creación, somos uno. Por eso, millones de personas de todo tipo, independientemente de su raza, religión y procedencia, buscan la bendición y el amor de Amma. Ella no quiere que permanezcamos en la oscuridad. El mayor deseo de Amma es que todos sus hijos; es decir, todos los seres vivos, realicen algún día la dicha suprema de la Auto-Realización. Ese es el éxito Supremo al que se puede aspirar en la vida. Amma es la Maestra Absoluta que puede conducirnos hasta Eso. Que sus bendiciones y su gracia nos ayuden a todos nosotros a alcanzar ese éxito Supremo.

Swami Ramakrishnananda Puri
Amritapuri
27 de septiembre de 2004

Breve reseña de la Vida de Amma

"Los dones y capacidades que Dios nos ha dado son un tesoro para nosotros y para el mundo entero. Nunca deberíamos hacer un mal uso de esta riqueza, ni convertirla en una carga para nosotros ni para el mundo. La mayor tragedia de la vida no es la muerte; la mayor tragedia es infrautilizar nuestro gran potencial, talento y capacidad, permitiendo que se oxiden mientras vivimos. Cuando utilizamos la riqueza que obtenemos de la naturaleza, ésta disminuye; pero cuando utilizamos la riqueza de nuestros dones internos, ésta aumenta"

Sri Mata Amritanandamayi Devi
"Que la paz y la felicidad prevalezcan"
Discurso de clausura de la sesión plenaria del
Parlamento de las Religiones del Mundo
Barcelona 2004

Amma nació en 1953, en una pobre aldea de pescadores de Kerala, al sur de la India. Ya de pequeña, se hizo evidente que Sudhamani, como se llamaba en aquel entonces, era un ser único. Sin que nadie la animara, se mostraba profundamente espiritual y la intensidad de su compasión era extraordinaria. Como era diferente, no fue comprendida y recibió malos tratos. Su infancia, por tanto, fue una etapa muy dura y de gran sufrimiento.

Desde muy temprana edad, dedicaba casi todo su tiempo a hacer las tareas domésticas. Parte de su trabajo consistía en conseguir alimento para las vacas del establo familiar. Solía ir por los pueblos de alrededor recogiendo hierba y visitando a los vecinos en busca de restos de verdura y de arroz para alimentar a las vacas. Durante esas visitas observó muchas cosas que inquietaron su corazón. Vio cómo algunas personas se morían de hambre, mientras otras se aferraban a sus riquezas con las que podían alimentarse varias generaciones. Vio a mucha gente enferma que sufría intensos dolores y no tenía dinero ni para comprarse un simple analgésico. Y se dio cuenta de que muchos ancianos eran desatendidos o tratados duramente por sus propias familias. Sentía tanta empatía por estas personas, que el dolor de los demás se le hacía insoportable. Aunque sólo era una niña, empezó a plantearse la cuestión del sufrimiento humano. Se preguntaba: "¿Por qué sufre la gente? ¿Cuál es la causa profunda del sufrimiento?" Y sentía tan intensamente la presencia de Dios dentro de ella que quería consolar y elevar espiritualmente a los que eran menos afortunados que ella.

Fue entonces cuando, de diversas maneras, empezó la misión de Amma. Compartía su propia comida con los hambrientos, y bañaba y vestía a los ancianos que no tenían a nadie que los cuidase. Era castigada por dar comida y pertenencias de su familia a los pobres. Pero sentía tanta compasión, que nada la desanimaba.

La gente empezó a percatarse de que había algo extraordinario en Sudhamani. Veían que era totalmente desinteresada, que se dedicaba por completo a cuidar de los demás y que irradiaba un amor incondicional e ilimitado hacia todos.

Una vez cumplidos los veinte años, la maternidad universal que se había despertado en ella la impulsó a abrazar espontáneamente a todos los que se acercaban. Tenía la sensación de que todos eran sus propios hijos, y personas de todas las edades empezaron a llamarla Amma (Madre). Cientos de personas empezaron a acudir a diario para estar en su presencia.

Así, el *darshan*[1] de Amma adoptó la forma de un cálido, amoroso y maternal abrazo. Amma escuchaba el sufrimiento de los que se acercaban a ella, los consolaba y los acariciaba. También empezó a enseñarles el verdadero propósito de la vida. En 1979 surgieron los primeros discípulos monásticos de Amma y le pusieron el nombre de Mata Amritanandamayi (Madre de la eterna felicidad). Con el tiempo fue creciendo el número de jóvenes que se sintieron inspirados por su compasión y que acudían a ella en busca de guía espiritual. De ese modo, en 1981, se constituyó un ashram, compuesto de algunas humildes chozas junto a su casa familiar, dando así comienzo al Mata Amritanandamayi Math.

En 1987, en respuesta a la llamada de sus hijos de otros países, Amma se embarcó en su primera gira mundial. Actualmente, tanto en la India como en el extranjero, Amma es reconocida como uno de los máximos líderes espirituales del mundo. La mayor parte del año la pasa viajando por su India natal, por Europa, Estados Unidos, Canadá, Japón, Malasia y Australia, entre otros países. La compasión de Amma traspasa todas las barreras, ya sean de nacionalidad, de raza, clase social o religión, y no hace distinción por la edad, género, condición física o económica de los que se acercan a ella. A dondequiera que viaja, acoge a todo el mundo con su abrazo maternal, mostrando con su ejemplo que la aceptación incondicional y el amor son el fundamento del servicio a los demás. En los últimos treinta años, Amma ha abrazado físicamente a más de veinticuatro millones de personas.

---

[1] La palabra *darshan* significa literalmente "ver". Tradicionalmente, se utiliza para referirse al encuentro con una persona sagrada, a ver una imagen de Dios o tener una visión de Dios. En este libro, darshan hace referencia al maternal abrazo de Amma, que también es una bendición.

En la actualidad, el ashram de Amma es el hogar de más de 3.000 residentes, incluyendo monásticos, devotos y estudiantes. Muchos miles más visitan cada día el ashram procedentes de todas las partes del mundo. Inspirados por el ejemplo de amor, compasión y servicio desinteresado de Amma; tanto los residentes del ashram como los visitantes se dedican por igual a servir al mundo. A través de los numerosos proyectos caritativos de Amma, todos trabajan para ayudar a los que necesitan vivienda, asistencia médica, formación o apoyo económico. Innumerables personas de todo el mundo están contribuyendo en estos amorosos esfuerzos.

Una de las manifestaciones más espectaculares de esta labor es el Instituto Amrita de Ciencias Médicas (AIMS), un hospital excepcional, sin ánimo de lucro, que cuenta con 1.200 camas y utiliza la última tecnología. Proporciona atención médica de calidad y mejora el bienestar social, mediante el fomento de la medicina preventiva, la educación médica y la investigación. En AIMS, hasta el más pobre de los pobres recibe la mejor atención médica posible por parte de médicos y enfermeras altamente cualificados, en un ambiente de amor y compasión.

Amma creó su primer centro educativo en 1987, la Amrita Vidyalayam (escuela primaria) en Kodungallur, Kerala. Desde entonces, Mata Amritanandamayi Math ha creado más de 60 centros educativos en toda la India, incluyendo escuelas superiores de ingeniería, institutos de informática y una facultad médica. En todos ellos se imparte una educación de gran calidad, basada en valores humanos.

Hoy en día, Amma, que apenas recibió educación primaria, es la rectora honoraria de la Amrita Vishwa Vidyapitham, la universidad privada más joven acreditada por el gobierno de la India. En ella se ofrecen estudios de medicina, ingeniería, dirección de empresa, periodismo y artes y ciencias. Sus estudiantes adquieren el conocimiento necesario para el éxito en su carrera profesional, pero también para lograr una vida feliz y pacífica.

Cada vez más se le pide a Amma que aconseje no sólo a personas individuales, sino a la comunidad global de naciones y creencias. Recientemente, Amma ha hablado en la Cumbre del Milenio por la Paz Mundial en las Naciones Unidas de Nueva York (año 2000), en la Iniciativa por la Paz Global de Mujeres Guías Espirituales y Religiosas en la sede de las Naciones Unidas de Ginebra (donde se le concedió el Premio Gandhi-King a la No-Violencia 2002) y en el Parlamento de las Religiones del Mundo celebrado en Barcelona, en 2004, en el que pronunció el discurso de clausura de la sesión plenaria.

Quizá, la mayor expresión del amor de Amma hacia el mundo, y del mundo hacia ella, haya sido la celebración del *Amritavarsham50: Abrazando al mundo por la paz y la armonía*. Al principio, este encuentro fue concebido por los devotos de Amma como la celebración del 50 aniversario de su nacimiento. Pero Amma, con su humilde manera de hacer las cosas, transformó el acontecimiento en una oración y en un programa activo por la paz y la felicidad de todo el mundo. Durante los cuatro días de celebración, asistieron diariamente unas 250.000 personas. Entre ellas, el presidente y el vicepresidente de la India, un ex-senador de Estados Unidos, representantes espirituales de las tradiciones religiosas mayoritarias del mundo, líderes políticos y empresariales de muchos países y los devotos de Amma provenientes de casi todas las naciones de la tierra. En el centro del *Amritavarsham50* estaba, por supuesto, Amma, haciendo lo mismo que ha hecho durante los últimos treinta años: abrazando individualmente, consolando y bendiciendo a todos los que se acercaban a ella.

Como dijo la doctora Jane Goodall cuando entregó a Amma el Premio Gandhi-King a la No-Violencia en 2002: "Ella está aquí, delante de nosotros: el amor de Dios en un cuerpo humano".

Primera Parte

¿Qué es el Éxito Supremo?

Conocer a los demás es inteligencia,

Conocerse uno mismo es verdadera sabiduría.

Dominar a los demás es fuerza.

Dominarse uno mismo es verdadero poder.

Cuando te das cuenta de que tienes suficiente,

Eres realmente rico.

– Tao Te Ching

Capítulo 1

Tener auténtico éxito

Todo el mundo quiere tener éxito. Por mucho éxito que logre una persona, siempre deseará obtener más. El director de un departamento quiere llegar a ser un alto ejecutivo y, cuando lo logre, convertirse en el director de su compañía y dedicarse a comprar otras empresas para reforzar su poder. El millonario quiere ser multimillonario. El senador desearía ser elegido vicepresidente para llegar a presidente y, después de conseguir estos cargos, aspirará todavía a algo más.

En este contexto, recuerdo una ocasión en la que Amma se reunió con el vicepresidente de un determinado país. En aquel momento, el vicepresidente contaba con 75 años de edad y su salud empezaba a deteriorarse. Como había conseguido escalar desde abajo en el escalafón de su partido político, todo el mundo consideraba que había tenido mucho éxito. Sin embargo, le confesó a Amma que tenía un último objetivo: convertirse en presidente de su país, pues sólo entonces se podría decir que habría triunfado en la vida.

Nadie considera que su situación actual sea totalmente exitosa. Por eso hay tantos seminarios sobre cómo triunfar. Para aquellos que ya lo han conseguido, hay seminarios para triunfar todavía más. Incluso hay cursos sobre cómo tener éxito enseñando a los demás a triunfar. Normalmente se considera el éxito como algo superior a lo que ya hemos logrado. Por ese motivo, no dejamos de luchar para adquirir o conseguir algo superior.

Algunas personas van detrás del dinero, mientras otras persiguen poder o fama. Y, por supuesto, hay personas que están dedicadas a alcanzar nobles objetivos. Sin embargo, mientras consideremos el éxito como el logro de algún objetivo externo, nunca sentiremos que hayamos alcanzado realmente el éxito. Puede que no estemos cualificados para lograr ese objetivo. Puede que no tengamos la oportunidad adecuada. Y si se da esa oportunidad, puede que tengamos que afrontar muchas adversidades. Además, nuestros objetivos van cambiando con el tiempo y la experiencia adquerida. Así, cuando alcanzamos un objetivo, es posible que tengamos una nueva idea de lo que supone tener éxito. Finalmente, siempre veremos a alguien con más éxito que nosotros.

Sin embargo, desde un punto de vista espiritual, todos poseemos la misma riqueza interior y el mismo potencial inherente para triunfar. Tal vez una persona con cierta discapacidad física no llegue a triunfar como atleta, ni una persona muda como cantante. Puede que una persona pobre, sin experiencia en el mundo de los negocios, no tenga éxito como empresario, ni que un presidiario pueda ostentar un cargo público. Sin embargo, todas esas personas poseen el mismo tesoro espiritual y el mismo potencial para ser realizado, y tener realmente éxito.

Así pues, ¿cuál es el verdadero éxito? Según el antiguo modo de vida hindú, conocido como *Sanatana Dharma*[1], hay un logro del que se dice: *"Yal labdva naparam labham"*, cuyo significado es: "Después de conseguirlo, no queda nada más por alcanzar". Ese logro al que hace referencia es la Auto-Realización. Realizar el Ser significa experimentar que el Verdadero Ser personal y Dios son uno y lo mismo. Esa realización constituye el auténtico éxito, pues todas las demás formas de éxito o logro serán arrebatadas por la muerte. En cambio, nada afectará al conocimiento autén-

---

[1] *Sanatana Dharma* es el nombre originario del Hinduismo. Significa "El modo de vida eterno".

tico del Ser, ni siquiera la muerte. Así como la electricidad no se ve afectada cuando se funde una bombilla, la muerte del cuerpo tampoco afectará de ninguna manera al *Atman*, el cual adopta un nuevo cuerpo físico y sigue con nuevas experiencias de vida. Para quien ha realizado el Ser, la muerte no le causa más temor del que le puede producir cambiarse unas ropas viejas por otras nuevas.

Cuando decimos "yo", nos estamos refiriendo a nuestro cuerpo físico y a nuestra personalidad, o a nuestro ego. Vivimos ignorantes del *Atman*, que es nuestro Verdadero Ser, nuestra esencia. El *Atman* da vida al cuerpo. Así como un coche sólo se pone en marcha si tiene gasolina, el cuerpo físico funciona por la presencia del *Atman*. Este ser universal, presente en todos los seres, también es conocido como la Conciencia Suprema, Dios o, simplemente, la Verdad. En un mundo de nombres y formas en permanente cambio, sólo el *Atman* permanece inmutable, ya que es el sustrato de toda la creación.

Quien posee ese conocimiento del *Atman* siempre está satisfecho. Al estar totalmente establecido en el *Atman* o Ser, sólo ve su propio Ser en todas partes y en todos los demás. Nunca sentirá que tiene más o menos éxito que otros, pues si no se ve diferente ¿con quién se va a comparar?, ¿qué va a querer conseguir?

Una vez, había un rey que estaba envejeciendo y no tenía hijos que le sucedieran en el trono. En ese reino existía la antigua tradición de que, si un rey llegaba al final de su vida sin hijos, enviaban fuera de palacio a uno de los elefantes reales con una guirnalda de flores en la trompa. Aquel a quien el elefante colocara la guirnalda, sería nombrado heredero al trono.

Cuando se hizo evidente que el rey moriría sin descendencia, éste ordenó que enviaran un elefante fuera de palacio con una guirnalda en la trompa, como era costumbre. El elefante colocó la guirnalda alrededor del cuello de la primera persona con la que se cruzó, quien resultó ser un mendigo que estaba a un lado de la carretera. Aterrado ante la proximidad del enorme elefante, el mendigo se dio media vuelta y salió corriendo, temiendo por su vida. Los ministros del rey, que habían contemplado toda la escena, lo persiguieron hasta darle alcance. Le explicaron al desconcertado mendigo que él sería el futuro rey, y lo escoltaron hasta palacio.

Pasados unos años, murió el rey y el que antes había sido mendigo fue coronado nuevo monarca. Aunque los ministros le proporcionaron toda clase de lujos, él guardaba en su habitación, dentro de un baúl de oro, sus harapos, el platillo para limosnas y un bastón. Después de varios años en el reino, tuvo la idea de volver por un día a su antigua vida para recordar cómo era. En la oscuridad de la noche, abrió el baúl de oro, se vistió con sus viejos harapos, cogió el platillo y el bastón, y salió del palacio en secreto.

Vestido como mendigo, el rey salió a pedir limosna. A lo largo del día, encontró a algunas personas que se compadecieron de él y le dieron unas cuantas monedas, otras, en cambio, lo amonestaron o lo trataron con desprecio. El rey se sorprendió al descubrir que no le afectaba el modo en que era tratado. Cuando realmente era mendigo, se sentía muy contento cuando la gente le daba limosna, y muy furioso cuando lo insultaban o lo amonestaban. Ahora, sin embargo, no se sentía alegre cuando le daban dinero, ni se disgustaba cuando se enfadaban con él.

Como el rey sabía que era el señor del reino, le resultaba indiferente el modo como lo trataran los demás. De igual forma, a los *Mahatmas* (grandes almas) no les afecta que los alaben o critiquen, pues saben que son uno con Dios.

Amma es el ejemplo perfecto de alguien que ha alcanzado este éxito Supremo. Ella no necesita ni desea conseguir nada, ni convertirse en algo más. Siempre está satisfecha en su propio Ser. Por eso es capaz de dar tanto. Incluso a la temprana edad de cuatro o cinco años, la edad en la que los niños normales sólo piensan en jugar, Amma ya estaba ayudando a los pobres, dándoles comida y ropa de su propia casa. Pensad por un momento en lo que nosotros hacíamos a esa edad. Al menos en mi caso, puedo decir que andaba correteando por ahí en pañales y volviendo loca a mi madre. Sin embargo, ella ya estaba cuidando a los ancianos y enfermos cuyas familias los desatendían.

La vida de Amma también nos enseña que se puede alcanzar el ideal de una vida humana, independientemente de lo que tengamos o no bajo un punto de vista material. No es necesario nacer en una familia de reyes, como Krishna, Rama o Buda. En el caso de Amma, ella empezó desde cero, pues nació en el seno de una familia pobre, en una remota y subdesarrollada aldea. La mayoría de nosotros, en cambio, hemos sido más afortunados desde un punto de vista mundano. Los objetos materiales con los que hemos sido bendecidos puede que nos den satisfacción durante un tiempo. (Esa es una de las razones por las que no deseamos ardientemente la Auto-Realización). Sin embargo, podemos dejar de estar satisfechos en cualquier momento, porque no es algo que surja de dentro; al igual que la ausencia de síntomas no significa que estemos libres de caer enfermos. Por otro lado, el contentamiento que obtenemos al realizar nuestro Auténtico Ser no se perderá nunca bajo ninguna circunstancia.

Incluso hoy en día, Amma no depende de los demás para su felicidad y contentamiento, porque proceden de dentro.

Hace unos años, cuando Amma estaba en Nueva Delhi, se concertó un encuentro con el entonces presidente de la India. Se celebraba el festival anual en el templo Brahmasthanam de Amma en la ciudad. El *darshan* de Amma empezaba al mediodía y se prolongaba hasta bien entrada la madrugada, con tan sólo un descanso de dos o tres horas en medio. Dentro de este frenético programa, se concertó una cita con el presidente a las nueve de la mañana. La noche anterior al encuentro, el secretario del presidente llamó a los organizadores locales para comunicarles que el presidente debía cambiar la cita para el mediodía y les preguntaba si Amma podía acudir a esa hora.

Cuando le comunicaron la noticia a Amma, dijo que era imposible, pues miles de sus hijos de Nueva Delhi aguardaban su *darshan*; ¿cómo iba a hacerles esperar? Siguiendo las instrucciones de Amma, se canceló la cita.

¿Cuántos de nosotros dejaríamos pasar un encuentro con el presidente de nuestro país? Sería un gran honor y una oportunidad para salir en los medios de comunicación, que nadie se perdería por nada del mundo. Mediante este incidente, Amma demostró que no precisaba ningún reconocimiento.

Personas de todas las clases, que se considera que han triunfado en sus respectivos campos, siguen viniendo a buscar la guía y bendición de Amma. A pesar de su supuesto triunfo, todavía buscan algo más. Su éxito material no les ha proporcionado lo que realmente desean: contentamiento y paz mental. Mientras deseemos otra cosa o algo más de lo que ya tenemos, no podemos considerar que hayamos triunfado realmente. Sólo si realizamos nuestro Auténtico Ser, que es omnisciente, omnipotente y omnipresente nos sentiremos realmente plenos y afortunados.

Cuando una madre posee algo valioso, lo desea compartir con sus hijos. No se lo queda para sí misma. Si tenemos mucha comida y ya hemos comido hasta saciarnos, ¿qué vamos a hacer con el resto? Se la daremos a los demás, por supuesto.

Eso es exactamente lo que Amma está haciendo. Ella siempre está llena, contenta en su propio Ser. Todo lo que hace surge de esa plenitud, mientras que nuestras acciones provienen del sentimiento de que nos falta algo. Amma sabe que, en realidad, no nos falta nada. No necesitamos adquirir riquezas, poder o fama para triunfar. Si somos capaces de superar la ignorancia sobre nuestro

Auténtico Ser, podremos experimentar dicha y contentamiento total, con independencia de nuestra situación o circunstancias vitales.

Capítulo 2

¿Qué es lo verdaderamente real?

Cuando miramos las olas del mar, vemos una gran variedad: olas pequeñas, olas grandes, olas suaves y olas furiosas. A causa de nuestra limitada percepción, vemos cada ola como una entidad diferenciada. Cuando los Mahatmas miran al mar, no observan diferencias entre cada ola, ni siquiera entre las olas y el mar en sí. Esto se debe, esencialmente, a que las olas y el mar son una unidad, forman parte de la misma agua.

De modo parecido, Amma dice: "No hay ninguna diferencia entre el Creador y la creación. Así como no hay diferencia entre el oro y los adornos hechos de oro (pues el oro constituye la base de cualquier joya hecha de ese material), tampoco hay diferencia entre el Creador (Dios) y lo creado (el mundo). En esencia, son uno y lo mismo, pura conciencia".

Nuestra percepción de la realidad es sólo relativa. Desde nuestra perspectiva, podemos decir que una comida deliciosa estaba "¡divina!" o que un helado "¡nos sabía a gloria!" Pero, en realidad, no sabemos qué significa divino o gloria.

Había una vez un caracol al que dos tortugas le dieron una buena paliza. Cuando la policía llegó al lugar de los hechos, le preguntó al pobre caracol (que estaba lleno de cardenales): "¿Pudo ver bien a esas tortugas que le han golpeado?"

El caracol respondió: "¡Cómo iba a verlas, si todo pasó tan rápido!"

A nosotros, tal vez nos parezca que una tortuga se mueve muy despacio; pero desde la perspectiva de un caracol, la tortuga se mueve a la velocidad de un rayo. Así mismo, nuestra perspectiva actual es limitada y, por tanto, no deberíamos considerarla como la verdad absoluta.

Existe una historia sobre un gran sabio llamado Ashtavakra. En sánscrito, *ashta vakra* significa "ocho curvas". Lo llamaban así porque su cuerpo presentaba ocho deformidades. No obstante, Ashtavakra fue un gran erudito desde muy joven, al igual que su padre. Un día, el rey invitó a palacio a los mejores eruditos del reino para debatir sobre las Escrituras. El que venciera obtendría 1.000 vacas con cuernos envueltos en oro y joyas incrustadas.

El debate empezó por la mañana y duró todo el día. Al anochecer, Ashtavakra recibió el mensaje de que su padre había derrotado a casi todos sus oponentes pero, en esos momentos, estaba a punto de perder. Nada más enterarse, Ashtavakra, de 12 años de edad, se dirigió rápidamente a palacio para ver si podía ayudar de algún modo a su padre.

Cuando Ashtavakra se presentó ante la corte, el debate estaba en su punto más álgido. En ese momento, parecía casi segura la derrota de su padre. Al ver entrar en la corte a Ashtavakra, el rey y todos los eruditos, excepto su padre, se echaron a reír. Se reían de su cuerpo deforme y de su estrafalaria forma de andar. Ashtavakra también se puso a reír estrepitosamente. Como todos se quedaron perplejos, incluso el mismo rey, éste preguntó: "Querido muchacho, ¿por qué te ríes cuando todos los demás se ríen de ti?"

"Me río porque este congreso de zapateros está debatiendo sobre la Verdad", respondió tranquilamente Ashtavakra.

Dado que el rey había reunido a los eruditos más prestigiosos del reino, preguntó sorprendido: "¿Qué quieres decir?"

Ashtavakra contestó: "Se ríen al ver mi cuerpo deforme. No me ven a mí, me juzgan únicamente por mi piel. Por tanto, sólo puedo suponer que se dedican al cuero y son zapateros. Mi cuerpo es deforme, pero yo no. Miren bajo la superficie y verán que mi Verdadero Ser no se puede doblar; es recto y puro".

Toda la corte se quedó atónita al escuchar la respuesta de Ashtavakra. El rey sabía que Ashtavakra tenía razón, el debate había sido una farsa. Aquellos que debatían sobre la Verdad, no podían verla. Se sintió culpable por haberse reído también del aspecto de Ashtavakra. Le concedió el premio al muchacho y la corte fue disuelta. Aquella noche el rey no pudo dormir pensando en las palabras de Ashtavakra.

Por la mañana, el carruaje del rey pasó junto a Ashtavakra por la carretera. El rey mandó parar, se bajó de inmediato y cayó a sus pies pidiéndole que lo guiara hacia la iluminación espiritual. La noche anterior, el rey había tratado a Ashtavakra como a un muchacho, y al día siguiente, al comprender su grandeza, se dirigió a él como a su Gurú.[2]

El rey se percató de que en su corte había contado con muchos eruditos, pero sólo habían sido capaces de ver la verdad relativa; es decir, el cuerpo de Ashtavakra, mientras que éste había visto dentro de cada uno de ellos al Ser Supremo, la verdad absoluta.

El diálogo que mantuvieron el rey (Janaka) y Ashtavakra está recogido en el *Ashtavakra Gita*, en la que el Maestro Ashtavakra dice:

sukhe duḥkhe narē-naryām sampatsu ca vipatsu ca
viṣēṣō'naiva dhīrasya sarvatra samadarśinaḥ

Para la persona sabia que contempla todas las cosas como iguales, no hay distinción entre el placer y el

---

[2] En la actualidad, la palabra Gurú se usa de forma muy amplia. Se puede referir simplemente a un maestro que es muy bueno en su materia. En este libro, Gurú se utilizará sobre todo según su definición más tradicional: alguien que está establecido en Brahman o en la Verdad Suprema y guía a otros para que lo experimenten.

dolor, entre el hombre y la mujer, entre el éxito y el fracaso.

(17.15)

Si conocemos el oro, podremos reconocer todos los adornos de oro como distintas formas de éste. De la misma manera, si conocemos nuestro Verdadero Ser, veremos todas las cosas de la creación como distintas formas de nuestro Ser. Nuestro problema radica en que intentamos entenderlo todo, excepto a nuestro Verdadero Ser.

Los Mahatmas como Amma ven el mismo *Atman* en todas partes. No discriminan entre amigo y enemigo, rico y pobre, ni entre los que se comportan de forma amable o cruel con ellos.

Hace poco, un hombre con una terrible enfermedad de la piel vino a recibir el *darshan* de Amma durante el programa de Madrás. Tenía un aspecto tan repulsivo, que todos le daban la espalda cuando él pasaba. Al ver su condición física, los monitores que atendían la cola se apiadaron de él y le permitieron ir directamente hasta Amma sin hacerle esperar. Amma no se sorprendió por su apariencia. Lo tomó en sus brazos y lo acarició tiernamente, como a su propio hijo. Amma le preguntó sobre su salud y su modo de vida. Con los ojos llenos de lágrimas, le explicó que no tenía dónde ir, pues había intentado, durante varios años, recibir asistencia de algún organismo oficial, pero no lo había conseguido. Después de escuchar las lamentaciones de aquel hombre, Amma llamó al *brahmachari* (discípulo célibe) a cargo del ashram de Madrás y le pidió que, a través del programa de viviendas gratuitas del ashram, construyera inmediatamente una casa para este hombre enfermo. Después, ella lo invitó a sentarse a su lado, junto a las autoridades locales que habían ido a recibir el *darshan* de Amma. Mientras estaba sentado allí, el hombre no dejaba de llorar, pero ahora sus lágrimas eran de alegría. Este hombre que había sido maltratado y desatendido a lo largo de su vida, comprendió que, a los ojos de Amma, él y las autoridades locales tenían la misma importancia.

Un día, tras muchas horas de *darshan*, le pregunté a Amma: "¿Por qué no pareces cansada después de abrazar a tantas y tantas personas? ¿Cómo puedes hacerlo día tras día?" Amma respondió sin darle mayor importancia: "Yo no estoy haciendo nada". Al decir esto, recordé los versos de un *bhajan* (canto devocional) titulado *"Amme Bhagavati"*, que ella escribió hace muchos años, y en los que decía:

tan onnum cheyyadhe sarvam chaithidunna
dina dayalo thozhunnen ninne

Sin hacer nada, Tú lo haces todo.
Oh, Encarnación de la Bondad, me postro ante ti.

Cuando Amma respondió a mi pregunta, hablaba a nivel del *Atman*. Cuando mencionó "yo", no se refería a su cuerpo, sino al *Atman* o Ser Verdadero.

Hay un verso muy interesante en la *Bhagavad Gita* en el que se afirma:

karmaṇy akarma yaḥ paśyed akarmaṇi ca karma yaḥ
sa buddhimān manuṣyeṣu sa yuktaḥ kṛtsna-karma-kṛt

Aquel que reconoce la no acción en la acción y la acción en la no acción, es sabio entre los seres humanos.
Esa persona es un yogui y un verdadero ejecutor de todas las acciones.

(4.18)

Aunque Amma es tan activa, sabe que su Verdadero Ser no está haciendo nada en absoluto. Eso es ver la no acción en la acción. En nuestro caso, aunque estemos sentados sin movernos, siguen apareciendo pensamientos en nuestra mente. Incluso para estar sentados sin movernos, tenemos que hacer un esfuerzo consciente, y ese esfuerzo es una acción. Por fuera, puede parecer que no estamos activos, pero seguimos actuando a distintos niveles. Eso es acción en la no acción. De hecho, los Mahatmas ven la no acción en su acción, y la acción en nuestra no acción.

En el *Tao Te Ching*, se dice del Maestro:

Las cosas surgen y deja que vengan;
Las cosas desaparecen y deja que se marchen.
Tiene, pero no posee,
Actúa, pero no espera nada.
Cuando acaba su trabajo, se olvida de él.
Por ese motivo perdura siempre.

Capítulo 3

Diferentes opciones y consciencia

Amma suele contar la siguiente historia: Un hombre de la India fue a visitar a su hijo que había conseguido un trabajo y vivía en Estados Unidos. Cuando llegó a casa de su hijo, su nuera lo recibió con amor y respeto. Le preguntó a su suegro si le apetecía una taza de té. El hombre dijo que sí. Antes de ir a la cocina a prepararlo, la nuera le preguntó: "¿Qué clase de té desea? Tenemos té negro, té verde, té rojo, té chino y, si lo prefiere, puedo prepararle una manzanilla o menta con limón".

"Sólo quiero una taza de té normal", respondió el hombre encogiéndose de hombros. Hasta entonces, nunca había oído hablar de tantas clases de té. Su nuera se fue a prepararlo y, al poco rato, volvió de nuevo al salón y le dijo: "Se me olvidó preguntarle si va a tomar el té con leche".

"Sí, por favor", respondió él. "De acuerdo", dijo ella. "¿Qué tipo de leche quiere? Tenemos leche entera, leche desnatada, semi-desnatada, leche de soja, leche de arroz y leche en polvo".

"Con leche normal estará bien". El suegro estaba perdiendo la paciencia. No se imaginaba que una taza de té pudiera ser tan complicada. La nuera se dirigió de nuevo a la cocina, pero, nada más traspasar la puerta, se giró y preguntó: "¡Oh!, casi se me olvida. ¿Va a toma azúcar?"

"Por supuesto", dijo el suegro.

"Vale, se lo traeré en un momento. Pero, ¿qué clase de azúcar quiere? Tenemos azúcar normal, azúcar moreno, sacarina y miel".

Con esta última pregunta, el suegro perdió la paciencia. "¡Por Dios! ¿A cuántas preguntas tengo que contestar para tomarme una simple taza de té? Ya no me apetece el té. ¿Me puedes traer un vaso de agua?"

La mujer no perdió el entusiasmo. Sonrió y dijo: "De acuerdo, le traeré agua, pero ¿qué clase de agua quiere? Agua mineral, con gas, vitaminada o tónica?" El suegro ya no aguantó más. Se levantó, se fue corriendo a la cocina y bebió un vaso de agua del grifo.

En el mundo moderno, hasta para tomar una taza de té, existen muchas opciones. En nuestra vida, sucede lo mismo para casi todo. Podemos ser médicos o ingenieros, mecánicos, informáticos o, incluso, monjes. Podemos comprar un piso de una habitación, de cuatro o un apartamento pequeño. Podemos comprar un coche deportivo, un utilitario o una motocicleta. Pero cuando entramos en crisis o tenemos algún fracaso, creemos que la única opción que nos queda es lamentarnos.

En realidad, hasta en esas situaciones tenemos opciones muy diversas. Cuando vivimos una experiencia dolorosa, podemos elegir entre pensar que hemos agotado alguna de nuestras *prarabdhas*[3] negativas o que se nos está ofreciendo una valiosa enseñanza sobre la naturaleza del mundo. También podemos considerar que esa situación proviene de la voluntad de Dios. Cualquiera de estas actitudes nos ayudará a aceptar con ecuanimidad las experiencias dolorosas. Sin embargo, debido al condicionamiento mental adquirido a lo largo de nuestras acciones pasadas, la mayoría de

---

[3] *Prarabdha* se refiere a la suma total de experiencias que estamos destinados a vivir en esta vida como consecuencia de nuestras acciones pasadas. En Occidente se le conoce con el nombre de *karma*. El significado literal de la palabra sánscrita "karma" es "acción", como en el *karma yoga* o camino de la acción. Para evitar cualquier confusión y ser fieles al término sánscrito, en este libro se utilizará la palabra *prarabdha* donde normalmente se emplearía la palabra "karma". La palabra *karma* se utilizará sólo según su definición literal.

nosotros no somos capaces de pensar positivamente cuando nos enfrentamos a una situación difícil.

Necesitamos superar nuestra manera automática de pensar y reaccionar. Tenemos que entrenar nuestra mente para responder y actuar de forma consciente; es decir, desarrollar nuestra conciencia.

Nadie quiere sentirse triste pero, a veces, nos deprimimos. Nadie quiere enfadarse, pero perdemos los nervios. Eso quiere decir que hay un vacío entre lo que nos gustaría ser y lo que somos. Si desarrollamos nuestra conciencia y aprendemos a responder en vez de a reaccionar, podremos llenar ese vacío.

Como la naturaleza de nuestra mente es mecánica, a menudo cometemos errores. No somos capaces de evaluar adecuadamente nuestras propias palabras y acciones, ni las palabras y acciones de los demás. Si alguien nos alaba, pensamos que es una persona agradable. Si esa misma persona nos critica después, nos sentimos molestos o nos enfadamos con ella. Cuando nos vemos enfrentados a alguien, no nos paramos a pensar si conviene reaccionar con ira. En un momento dado, podemos estar tranquilos, pero si alguien nos grita, responderemos inmediatamente de igual modo. Sólo más tarde, nos arrepentiremos de haber perdido los nervios.

Una vez hayamos entrenado nuestra mente para que actúe y hable conscientemente, nos daremos cuenta de que, incluso cuando la vida no nos ofrece lo que queremos, tenemos otras opciones distintas a las reacciones que provocan la ira y la frustración. Por ejemplo, si somos conscientes del primer indicio de ira que surge en nosotros, sabremos que nos vamos a enfadar. Esto nos permite contemplar varias opciones: alejarnos de la situación que nos irrita o, si seguimos en ella, decidir cuánta ira vamos a mostrar. En esos momentos conviene recordar que, si montamos en cólera, tenemos que prepararnos para una caída violenta".

Cuando contemplamos la vida de Amma, vemos que en determinadas circunstancias, en las que la mayoría de nosotros habríamos perdido toda esperanza, su consciencia le permite responder de otra manera. Cuando sus padres le negaron su amor, en lugar de compadecerse de sí misma, Amma pensó: "¿Por qué tengo que buscar el amor de los demás? En vez de eso, voy a dárselo yo". Cuando sus parientes y vecinos la trataban mal y la criticaban, dirigía su mente hacia Dios en lugar de pensar en cómo la trataban.

La espiritualidad es la técnica que eleva nuestro nivel de consciencia. La meditación, los cantos devocionales y tratar de aplicar los principios espirituales en nuestra vida cotidiana, nos ayudarán a aumentar nuestra consciencia. Si desarrollamos más consciencia, podremos superar los obstáculos que nos impiden realizar nuestro Verdadero Ser.

Capítulo 4

Consagración al dharma

El dharma es un concepto importante en la espiritualidad oriental. La palabra dharma tiene un significado profundo y amplio. En pocas palabras, significa tanto rectitud como deber. También quiere decir realizar la acción correcta en el lugar y el momento oportunos.

Para vivir de acuerdo con el *dharma*, es necesario que comprendamos a fondo la naturaleza de la vida y de las personas. Ante un reto o una crisis, muchos abandonan el *dharma* o comprometen sus valores. A pesar de que se han dado muchas de esas situaciones en la vida de Amma, observaremos que nunca se ha desviado ni un milímetro del camino del *dharma*.

Recuerdo un hecho que ilustra la consagración de Amma al *dharma*. En marzo del 2002, cuando estallaron las revueltas comunales de Gujarat, Amma estaba en Bombay. Se había programado que saldría hacia la región de Bhuj, situada al oeste de Gujarat y azotada por un terremoto el año anterior, para inaugurar tres pueblos reconstruidos por el ashram. Para llegar hasta allí, se tenía que atravesar algunas zonas en las que había estallado la violencia. Muchos trataron de convencer a Amma para que no fuera, aunque aquella visita era un acontecimiento muy importante. Uno tras otro, los miembros de la gira le pidieron que no acudiera, pues temían por ellos o por la seguridad de Amma. Le dijeron que, tanto si se viajaba en tren como en autobús, todos correrían un serio peligro. Como Amma era una invitada oficial de aquel Estado, el servicio de inteligencia gubernamental facilitó los últimos datos sobre el riesgo que implicaba aquel viaje. Ellos también intentaron disuadir a Amma para que no viajara y, así mismo, le informaron de que, por el mismo motivo, tal vez no acudieran al acto los ministros ni el gobernador, tal como se había previsto.

Al final, Amma puso fin a todas aquellas peticiones y consejos diciendo: "He decidido ir pase lo que pase, y los que teman por su vida que no se sientan obligados a venir". Después de esas palabras, todos decidieron acompañarla, incluso los que no habían planeado ir.

El programa fue un gran éxito y no hubo ningún incidente violento. Más tarde, Amma comentó que los miles de beneficiarios del proyecto de viviendas llevaban mucho tiempo anhelando encontrarse con ella. Como lo habían perdido todo, no tenían dinero para ir a verla a ningún otro sitio. También deseaban con fervor que Amma bendijera sus casas antes de entrar a vivir. Esos fueron los factores determinantes para que Amma decidiera visitarlos.

Aunque seamos amables y generosos con los demás, puede que obtengamos una respuesta negativa. Sin embargo, eso no debería impedirnos hacer un buen trabajo en el mundo.

Amma siempre dice que la vida humana se obtiene por el mérito adquirido gracias a las buenas acciones de vidas pasadas. Aunque no podemos elegir dónde o cuándo naceremos, ni si seremos guapos o feos, altos o bajos, ni quiénes serán nuestros padres; sin embargo, sí que podemos elegir ser buenas personas. Está en nuestras manos el asegurar que esta bendición que Dios nos ha dado, no se convierta en una maldición para nosotros ni para el mundo. Por ello, necesitamos hacer un buen uso de nuestra vida.

Todos tenemos muchas responsabilidades, cargas y compromisos. Precisamos de una gran fuerza emocional y espiritual para llevar una vida recta. Hay muchas situaciones en las que podemos sentir la tentación de renunciar al *dharma* y comprometer nuestros valores. Si realizamos actos *adharmicos* (sin rectitud), puede que nos parezcan convenientes en ese momento; pero, al final, tendrán consecuencias muy desagradables, tanto para nosotros como para los demás.

Por otro lado, vivir de acuerdo con el *dharma* y los valores espirituales conforma una sólida base para una vida feliz y gratificante. Este tipo de vida no sólo beneficia al mundo, también nos hace merecedores de recibir la gracia de Dios, que es el factor más importante para lograr el éxito espiritual y material.

Capítulo 5

Acciones iluminadas

A veces, en la vida, hacemos lo correcto y otras veces lo incorrecto. Cuando hacemos lo correcto, nos sentimos orgullosos y nos atribuimos el mérito de la acción adecuada, de un modo natural. Cuando hacemos lo incorrecto, tendemos a culpar a los demás. Al relacionarnos con otras personas, adoptar una decisión o emprender cualquier tipo de acción, normalmente sólo valoramos los hechos superficiales y la información que tenemos a nuestro alcance. Por eso, aunque lo que hagamos nos parezca correcto en ese momento, es posible que, al final, no contribuya al bien último.

Sin embargo, hay otra clase de acciones que están más allá de lo correcto y lo incorrecto y que siempre conducen al bien último. A este tipo de actos se les denomina acciones iluminadas, pues sólo un alma iluminada es capaz de realizarlos. Cuando un *Satgurú* entra en contacto con la gente, conoce los *vasanas* (tendencias) más sutiles de esas personas, su *prarabdha* y otros factores. En cambio, nosotros sólo percibimos las acciones físicas de una persona, y ni siquiera estamos seguros de lo que están pensando o sintiendo en ese momento. Un *Satgurú* es plenamente consciente del pasado, presente y futuro de todo aquel con quien entra en contacto. Esta consciencia le permite al Maestro actuar de un modo adecuado y obtener el mejor resultado posible para esa persona.

Recuerdo un incidente que ocurrió en el ashram hace muchos años. Un día, entró un borracho en el ashram y empezó a discutir con los *brahmacharis* sin ningún motivo. Cuando intentamos apaciguarlo y sacarlo del ashram, empezó a insultarnos. A pesar de nuestros esfuerzos, no logramos que se calmara, sino que se alborotara más. Decidimos llamar a la policía pero antes de adoptar esta última medida, fuimos a contarle todo lo ocurrido a Amma. Después de escucharnos, Amma se dirigió al lugar en el que se encontraba.

Cuando llegó, el hombre había vomitado varias veces y estaba medio inconsciente y envuelto en un olor fétido de vómitos y alcohol. Amma lo miró con los ojos llenos de compasión, y le dijo con dulzura: "¡Oh, hijo!, ¿qué te ha pasado? ¿Estás bien?" El hombre miró a Amma con una expresión vacía en los ojos y musitó unas pocas palabras. No estaba en condiciones de responder.

Alguno de los presentes se preguntó: "¿Por qué pierde Amma su valioso tiempo con este borracho? Sólo se merece una buena paliza". Alguien incluso llegó a decirle a Amma: "Por favor, Amma, vete a tu habitación. Ya nos encargaremos nosotros de este hombre".

Amma no prestó atención. Lavó la cara del borracho y le quitó los vómitos de su ropa, a pesar de que éste se resistió un poco. Cogió una manguera y le echó agua por la cabeza para espabilarlo. Después, lo llevó a una habitación cercana y lo tumbó sobre una colchoneta.

A la mañana siguiente, el hombre estaba sobrio y su humor había cambiado algo. Cuando se dio cuenta de cómo Amma lo había cuidado con tanto cariño, se sintió profundamente emocionado por su compasión y no dejaba de llorar arrepentido. Esa tarde volvió a casa. Unas semanas después, regresó con su mujer. Mientras Amma les daba el *darshan*, la mujer le dijo llorando: "Amma, lo has cambiado por completo. Mis hijos y yo estábamos a punto de suicidarnos a causa de su comportamiento. Su afición a la bebida nos había cargado de deudas, llegaba borracho todos los días y nos pegaba. Ahora, ha dejado de beber por completo y hasta ha encontrado un buen trabajo. Tu Gracia no sólo ha salvado a mi marido, sino a toda nuestra familia".

Si los *brahmacharis* lo hubieran entregado a la policía, lo cual parecía lo correcto en ese momento, lo habrían encarcelado y habría sufrido mucho más, pero su familia lo habría pasado peor y, posiblemente, se hubieran quitado la vida. Por eso, la acción "correcta", desde nuestro punto de vista, habría conducido a la muerte de varias personas.

A veces, nuestras supuestas acciones "correctas" se pueden comparar con la acción que realiza un mono cuando intenta sacar un pez de la pecera para que no se ahogue. De igual forma, somos capaces de ver las cosas sólo desde nuestro propio nivel de comprensión, malinterpretando así el bien último.

Por otro lado, Amma, con su profunda intuición, percibió la mejor solución en el caso del hombre borracho. No sólo consideró aquella situación concreta, sino también el futuro del hombre, el de su familia, y las consecuencias que podían derivarse de lo que los *brahmacharis* pretendían hacer. Puede que, al principio, nos parezca equivocada una acción iluminada; pero más tarde comprenderemos que era la acción perfecta para esa situación.

Cuando hace unos cinco años, Amma estaba en Bonn, Alemania, un devoto situado en la fila de las preguntas me entregó la suya para Amma. En la nota explicaba que estaba atravesando muchas dificultades económicas, incluyendo deudas, y que había perdido su trabajo. Pedía la ayuda de Amma para resolver estos problemas y poder sostener a su mujer y sus dos hijos pequeños. Su segunda petición era que quería tener una hija.

"Qué tonto", pensé para mis adentros. "¿Cómo va a mantener a otro niño, cuando ya tiene dos y una mujer a los que no puede alimentar adecuadamente? Es obvio que no debería tener otro hijo. ¿De qué sirve traducir esta carta a Amma? No hace falta un Maestro Espiritual como ella para ver que es una insensatez.

¡Yo puedo aconsejarle!" Con esta idea en mente, empecé a darle mi opinión.

Mientras estaba ocupado en ello, sentí que alguien me daba unos golpecitos en la espalda. A menudo, la gente intenta llamar nuestra atención cuando estamos traduciendo para Amma. Ignoré esta llamada, pues no había terminado de iluminar a este hombre. Entonces, los golpecitos se hicieron más rápidos y fuertes. Pensé: "¿Quién puede atreverse a interrumpir a un swami?" Al volverme, me sentí completamente abochornado, pues vi que era ¡Amma!

Ella preguntó: "¿Qué sucede?"

"¡Oh!, nada Amma. Sólo estaba respondiendo a su pregunta".

"¿A quién iba dirigida?" preguntó Amma.

"Bueno, era para Amma, pero... es que..."

"Pero, ¿qué? Entonces, ¿por qué la estás contestando?"

Empecé a titubear buscando una respuesta. "Bueno, ya sabes, yo, esto... sólo intentaba..., bueno, ya sabes..., no era nada especial, Amma. Sólo se trataba de una pregunta tonta".

No creo que mi respuesta impresionara mucho a Amma. Me pidió que le leyera la pregunta y, después, sin dudarlo, dio la contestación: "Dile que Amma hará un *sankalpa* (resolución divina) para que tenga una hija". Aunque todavía tenía mis propias dudas y reservas sobre si era lo más apropiado que le podía decir, le traduje la respuesta de Amma, al menos para no acabar perdiendo mi puesto de traductor. Él estaba feliz, pero yo me sentía triste. Como me quedó una duda sobre lo que Amma le había respondido, le pregunté más tarde. Amma dijo: "La tristeza que siente en su corazón por no tener una hija es mayor que la tristeza y el dolor que le causan sus problemas económicos. Si no tiene una niña, se deprimirá y puede que hasta llegue a quitarse la vida".

Durante los dos años siguientes, el programa de Amma en Bonn se celebró en un sitio distinto y el hombre no vino. Al tercer año, sin embargo, volvimos al lugar anterior, y el hombre se presentó, pero esta vez acudía con una niña en sus brazos. Estaba radiante de alegría. Cuando se acercó a recibir el *darshan*, explicó que el amor y apoyo que sintió en la respuesta de Amma le había dado un nuevo sentido a su vida. Había salido del caparazón de su dolor con una mente clara, había encontrado trabajo y saldado muchas de sus deudas. El nacimiento de su hermosa hija había aumentado su felicidad.

Amma sabía que el mayor obstáculo en la vida de este devoto era su profundo deseo de tener una hija y que, una vez satisfecho, se solucionarían todos los demás problemas a su debido tiempo. Cualquiera que hubiera evaluado los hechos de una forma superficial, habría llegado a la misma conclusión que yo sobre la conveniencia de tener otro hijo. Amma, sin embargo, pudo ver las profundas capas de su mente y le dio una respuesta para su bien final.

Cada vez que Amma afirma algo sobre el futuro, siempre se convierte en realidad, sin que importe lo imposible que parezca en ese momento. Unas semanas después de que conociera a Amma, fui con un amigo a verla a casa de un devoto. Llegamos un poco tarde y Amma ya había realizado la *puja* (ritual de adoración). Cuando entramos, vimos que los devotos estaban comiendo sentados alrededor de Amma. Mi amigo se quedó a unos metros de distancia y se negó a acercarse a Amma. Consideró que Amma debía haber esperado a que él llegase para empezar a comer, puesto que le había informado de su llegada. Amma lo llamó un par de veces para que recogiera el *prasad*[4], pero él se negó. Amma le dijo: "Hijo, no vas a tener oportunidades como ésta durante mucho más tiempo. Dentro de unos años, personas de todo el mundo vendrán a ver a Amma y apenas habrá oportunidades

---

[4] Cualquier objeto que el Gurú haya bendecido es *prasad*. Además, cualquier cosa que se le ofrece al Gurú o a Dios está santificada y, por eso, se convierte en *prasad*.

como ésta". Cuando, por fin, mi amigo se acercó a Amma, vio que, mientras todos los demás devotos ya habían empezado a comer, Amma ni siquiera había tocado la comida. De hecho, incluso había separado dos platos para nosotros. Al darse cuenta de este hecho, mi amigo se arrepintió de su error y pidió perdón a Amma. Unos años más tarde, comprobó que las palabras de Amma se habían hecho realidad.

Las Escrituras dicen que hay una autoridad en las palabras y acciones de un Maestro Espiritual, que está más allá de nuestra comprensión intelectual. Por tanto, cualquier juicio que hagamos sobre ellos y sus actos será erróneo.

La siguiente historia ilustra esta cuestión. Había una vez dos elefantes ciegos que no se ponían de acuerdo sobre cómo serían los humanos. Así que decidieron tocar con sus patas a un ser humano para llegar a comprender cómo eran. El primer elefante tocó un humano con su enorme pata y dijo: "Los humanos son planos". El otro elefante, después de "tocar" a otro humano de la misma manera, se mostró de acuerdo y se resolvió el problema. Así como los elefantes no tienen suficiente sutileza para conocer con sus patas a un ser humano, nuestras mentes tampoco son lo bastante sutiles para captar las acciones de un Maestro.

Todas las acciones de un Verdadero Maestro son iluminadas, al igual que cualquier objeto hecho de madera de sándalo lleva la fragancia del árbol de sándalo. Sucede así porque los Maestros están establecidos en el Conocimiento Supremo. Por eso, todo lo que hagan será para bien. Aunque no los comprendamos, debemos mantenernos abiertos a su consejo y guía.

En la *Bhagavad Gita*, el Señor Krishna describe el Conocimiento Supremo como lo más valioso que un ser humano puede alcanzar:

rāja-vidyā rāja-guhyaṁ pavitram idam uttamam
pratyakṣāvagamaṁ dharmyaṁ su-sukhaṁ kartum
avyayam

*Este es el más grande de todos los conocimientos, el rey
de los secretos.*
*Supremamente purificador, se puede experimentar
directamente y proporciona resultados que perduran
siempre. Es también muy fácil de practicar y está en
concordancia con el dharma.*

(9.2)

Una persona con Conocimiento Supremo siempre está identificada con la Verdad o *Brahman*. Bajo ninguna circunstancia,
sufrirá crisis de identidad, ni se dejará llevar por emociones o apegos. Amma está totalmente identificada con la Verdad Suprema,
la inagotable fuente de energía y felicidad. Por eso puede permanecer sentada durante tantas horas, mantener la luminosidad de
su rostro y manifestar tanto poder. Aunque en los últimos treinta
años lleve escuchando los mismos problemas de los que han ido
a verla desde todas las partes del mundo, ella nunca se cansa de
escuchar, reconfortar, aconsejar y consolar.

La Verdad Suprema es muy valiosa, e igualmente lo es estar
con alguien que sea una encarnación de esa Verdad. Seamos
conscientes y estemos agradecidos por la bendita oportunidad de
estar en presencia de una Gran Maestra como Amma.

Capítulo 6

La grandeza de la humildad

Amma nos dice: "La poderosa fuerza de un ciclón no pue de hacerle nada a una brizna de hierba, mientras que los enormes árboles enhiestos, con sus copas bien altas, serán arrancados de cuajo". También afirma: "Si llevamos el peso del ego, el viento de la gracia de Dios no podrá elevarnos".

Ciertamente, vemos que la humildad es muy importante. Si mantenemos una actitud humilde, la gracia divina fluirá en nuestro interior. Pero la humildad es una cualidad muy rara en la sociedad moderna. Cuando hacemos algo extraordinario, ¿cuántos días nos pasamos comentándolo con nuestros amigos? Ante todo hablamos de nuestra propia grandeza, y algunos llegan incluso a jactarse de lo humildes que son.

Si deseamos saber cómo es la verdadera humildad, no tenemos más que mirar a Amma. Aunque ha conseguido mucho y millones de personas la veneran, Amma nunca dice: "Soy grande". En cambio nos dice, llena de humildad: "No sé nada. No soy más que una chica loca". Nunca presume de su grandeza. Eso es auténtica grandeza.

Como ya sabréis, Amma ha consagrado personalmente 17 templos en la India y en el extranjero. Cada vez que consagra uno nuevo, se congrega una gran multitud de devotos para presenciar el sagrado acontecimiento. Como parte de la ceremonia de consagración, Amma coloca una estatua de cuatro caras, que constituye el corazón del templo. Durante la consagración del primer templo Brahmasthanam, Amma decidió salir por cada una de las cuatro entradas antes de colocar la imagen de la deidad. Con las manos juntas, pidió las bendiciones de todos los devotos presentes. Al ver esto, muchos de nosotros empezamos a llorar. Allí estaba alguien que había bendecido a millones de personas y, sin embargo, era tan humilde que pedía nuestras bendiciones. Desde luego, ella no las necesitaba, pero si las solicitaba era para recordarnos la importancia de la humildad.

En el *Tao Te Ching*, se dice:

> *El Maestro está por encima de la gente,*
> *Y nadie se siente oprimido.*
> *Va por delante de la gente,*
> *Y nadie se siente manipulado.*
> *El mundo entero está agradecido.*
> *Dado que no compite con nadie,*
> *Nadie puede competir con él.*

En el *Amritavarsham50*, la celebración del 50 cumpleaños de Amma, Yolanda King, hija de Martin Luther King, Jr. (y una defensora de la paz por derecho propio), dijo: "Lo que valoro de Amma es que ella no sólo pronuncia palabras... sino que camina a través de sus palabras". Tal como resaltó la señora King con tanta elocuencia, Amma siempre practica lo que predica.

Durante la gira de Amma por el norte de la India en 2004, el programa en Durgapur, que sólo duraba una noche, se prolongó hasta las seis y media de la mañana. A las 10, todo el mundo había descansado y se había bañado. Los devotos se colocaron cerca de los autobuses a esperar que Amma saliera de su habitación para poder continuar la gira hasta su última parada en Calcuta. Varios *brahmacharis* se encontraban cerca del coche de Amma. Como durante el programa habían estado muy ocupados y no se habían acercado a Amma, esta era una de las pocas ocasiones que tenían para poder verla. Mientras estaban allí, se acercó un joven a un *brahmachari* y le empezó a hacer preguntas sobre Amma. La noche anterior había desistido de recibir el *darshan* por las largas colas que se habían formado. Justo cuando preguntaba qué hace que Amma sea tan especial y por qué tanta gente quiere verla para recibir su bendición, salió Amma de su habitación. El joven corrió hacia ella, y Amma lo abrazó y besó. Después dio *darshan* a unos pocos devotos que esperaban cerca, y entró en el coche.

Sin embargo, no llegó muy lejos. El coche recorrió unos pocos metros hasta llegar a la zona donde la noche anterior se había dado de cenar gratis a más de 15.000 personas. El programa se había celebrado en una de las escuelas de primaria Amrita Vidyalayam de Amma, en el gran patio abierto donde los niños hacen deporte y gimnasia. Normalmente está muy limpio pero, esta vez, el patio era un completo desastre. Por todas partes había hojas de madera de teca con restos de comida, ya que, trenzadas entre sí, se habían utilizado como platos. Los cubos de basura estaban llenos y, junto a estos, había un enorme saco de patatas podridas.

El coche de Amma se detuvo junto a este lugar. Amma se bajó, vestida con un sari blanquísimo, y empezó a limpiar la porquería. Todos los *brahmacharis* y devotos presentes se apresuraron para disuadirla de que no lo hiciera. Después de todo, la noche anterior, ella había trabajado más que todos juntos. Además, al día siguiente, tenía otro programa y sabían que, de camino a Calcuta, se detendría para pasar un rato con los que viajaban en la gira, y después, por la tarde, recibiría a los organizadores del programa y a las autoridades locales. ¿Por qué tenía que limpiar también todo aquel revoltijo de basura?

En primera línea de los que intentaban disuadirla, estaban los devotos que se habían encargado de servir la cena la noche anterior y el joven que acababa de conocer a Amma. El devoto encargado de servir la comida pidió perdón, y le dijo: "Amma, por favor, no hagas esto. Sé que tendría que haberlo limpiado todo ayer por la noche. Amma, te lo ruego, sigue tu viaje y deja que limpie yo el patio".

"Amma no te está culpando de nada", le aseguró. "Pero, cuando Amma se vaya, todos estos *brahmacharis* y devotos se irán también. Mientras siga aquí, tienes un ejército de ayudantes para limpiar el patio. Por eso, Amma ha decidido quedarse y ayudar a recoger. De este modo, el trabajo se hará enseguida".

Amma se dirigió al saco de patatas podridas y dijo: "¡Qué pena que se dejasen perder estas patatas cuando hay tantos que no tienen ni un puñado de comida para aliviar su hambre!" Entonces, pidió que trajeran un carro y dijo: "No toquéis estas patatas. Están tan podridas que podríais coger una grave infección. Habría que protegerse con unos guantes para tocarlas". Pero, cuando trajeron el carro, Amma cargó las patatas podridas con sus propias manos para consternación de los presentes. El joven que acababa de conocer a Amma estaba a su lado e intentaba impedir físicamente que siguiera haciendo ese trabajo, mientras le decía: "Amma, tú eres el Gurú; no deberías hacer estas cosas. Por favor, deja que lo haga yo".

Amma se empeñó en que sólo ella iba a encargarse de las patatas podridas. Mientras tanto, todos los swamis, *brahmacharis* y devotos recorrían el patio arriba y abajo, recogiendo las hojas que habían servido de platos y los restos de comida. Amma empezó a hacer sitio en los cubos de basura, clasificando y sacando el plástico. Mezcladas con la basura orgánica, había muchas bolsas de plástico de leche. Amma separó un montón de éstas y dijo que se podían lavar, vender y, con el dinero obtenido, dar de comer a los pobres. En aquel momento, su resplandeciente sari blanco estaba bien sucio, aparecía salpicado de restos de basura verde y marrón y olía a comida podrida. Sin embargo, ella sonreía, tan radiante como siempre.

En veinte minutos, el patio, que pareciera un basurero, casi brillaba. Finalmente, Amma volvió al coche y dio instrucciones para que todos, excepto los *brahmacharis*, se montaran en los autobuses y se pusieran en marcha. A los *brahmacharis* les dijo que se quedaran para asegurarse de que se recogía la basura restante y se barría el patio.

Después de que Amma se fuera, el joven que había recibido su *darshan* por primera vez comentó: "Me esperaba un Gurú sentado en una silla de oro dando consejos. Nunca, ni en el más extraño de los sueños, me habría imaginado a Amma recogiendo comida podrida. Hay mucha gente en Calcuta y en este estado (Bengala occidental) que vive en barrios de chabolas. Si todo el mundo siguiera el ejemplo de Amma de trabajar para los demás, en vez de procurar que los otros trabajen para uno, creo que desaparecería la pobreza de este país. He visto a tantos políticos haciendo promesas vacías; ahora he conocido a alguien que actúa con sentido". Parecía que su pregunta, "¿qué hace que Amma sea tan especial?", había sido respondida.

El muchacho esperaba un Gurú y encontró un *Satgurú*. Un Verdadero Maestro siempre enseña con el ejemplo. Amma dice que siempre deberíamos estar dispuestos a hacer cualquier trabajo, en cualquier momento. Si Amma no pusiera en práctica esta enseñanza, sería difícil de seguir. Pero después de ver a Amma haciendo los trabajos más desagradables, y a las horas más intempestivas, muchos de sus devotos han podido superar sus gustos y aversiones, y hacen todo lo que haga falta para servir a los necesitados.

El año 2003, durante la gira por el norte de la India, Amma fue al nuevo ashram en Bangalore nada más terminar un programa en Mysore. Cuando se le acercó un devoto anciano para realizar el *pada puja* (ceremonia en la que se lava los pies como señal de amor y respeto), ella dijo: "Hijo, Amma no se ha bañado todavía. Amma se fue de Mysore al acabar de dar *darshan*. Por eso, no es apropiado hacer el *pada puja* en este momento". Pero cuando vio su cara de decepción, Amma cedió. "El amor rompe todas las barreras", dijo. Entonces el devoto lavó los pies de Amma sin cesar de llorar.

Después del *pada puja*, Amma empezó a subir las escaleras que conducían a su habitación. De repente, se detuvo. Su expresión cambió al ver el porche. El suelo de mármol relucía, tal vez debido a la reciente capa de cera. "¿Quién construyó esto?", preguntó. El *brahmachari* encargado de la construcción del ashram de Bangalore se acercó y se postró ante Amma.

"No necesito que nadie se postre ante mí", dijo muy seria.

"Amma, los devotos de Bangalore lo construyeron como símbolo de su amor por ti", respondió el *brahmachari* con un hilo de voz.

Amma le contestó de inmediato: "Imagina que como prueba de su amor construyen una mansión de oro, ¿te quedarías mirando sin decir nada? Amma siente que sus hijos no son algo separado de ella. Aunque construyeron esta habitación con su dinero, Amma se siente mal porque se han gastado mucho dinero". Y siguió diciendo: "Nací en una familia de humildes pescadores y en la infancia tuve una vida sencilla. Después, cuando me dijeron que me fuera de casa, me quedé a la intemperie. Meditaba bajo el sol abrasador o bajo una lluvia torrencial. No estoy acostumbrada al lujo, ni lo quiero. No resulta apropiado que viva en una habitación tan lujosa cuando abogo por la sencillez. Además, sólo paso tres días al año aquí. No es correcto gastar tal cantidad de dinero en un ashram". Sus palabras se clavaban como flechas.

El *brahmachari* intentó explicar a Amma que el suelo no era tan caro como parecía, pero ella no prestó atención a sus palabras y dijo que antes dormiría fuera que quedarse en esa habitación. En ese momento, el Swami Amritaswarupananda comentó: "Si Amma no desea quedarse en la nueva habitación, puede ir a la antigua. El suelo es de cemento". Amma aceptó y fue a la habitación donde había estado el año anterior.

Los devotos, que nunca antes habían visto a Amma de ese humor, se quedaron sorprendidos. Algunos se sintieron culpables, pues habían ayudado a construir la nueva habitación, otros se sintieron muy disgustados y otros se pusieron a llorar. Sin embargo, todos estaban maravillados por la integridad y la humildad de Amma.

"¿Por qué ha rechazado Amma nuestra prueba de amor?" preguntaron. "¿No es correcto ofrecer a nuestro Gurú lo mejor? Después de todo, ella sólo se merece lo mejor. ¿Por qué no podía haber aceptado Amma la habitación? Millones de personas de todo el mundo la veneran como *Satgurú* y la Madre Divina. ¿Quién habría cuestionado su derecho a vivir en esta habitación?"

En el *Bhagavad Gita*, el Señor Krishna dice:

yad yad ācarati śreṣṭhas tat tad evetaro janaḥ
sa yat pramāṇam kurute lokas tad anuvartate

Todo lo que hace la persona noble, los demás lo imitan.
Todo lo que establecen como ejemplo, el mundo lo sigue.

(3.21)

Las acciones de Amma son tan carismáticas que, inconscientemente, empezamos a imitarlas. Muchos de nosotros nos postramos antes de sentarnos en el suelo o levantamos el libro hasta nuestra frente antes de empezar a leer. Muchos hijos de Amma se saludan diciendo: "Om Namah Shivaya". ¿No adoptamos todos esos comportamientos de Amma? Todo lo relacionado con Amma es tan hermoso que queremos hacerlo nuestro. Si Amma llevara una vida lujosa, nosotros querríamos hacer lo mismo.

Aquella tarde, Amma fue a visitar una casa. Cuando volvió, cientos de devotos se agruparon en torno a su coche. Empezaron a suplicarle que se quedara en su nueva habitación. Uno dijo:

"Amma, por favor, perdónanos y quédate en la nueva habitación". Otro dijo: "Amma, lo hicimos por ignorancia. No volveremos a cometer el mismo error. Pero, por favor, quédate en la nueva habitación". Unas cuantas mujeres empezaron a llorar. Amma permaneció impasible. Un devoto intentó usar la lógica para persuadir a Amma de que se quedase en la habitación: "Todo el dinero que hemos gastado en construirla se malgastará si Amma no se queda. Nadie la utilizará en el futuro", dijo.

"¡Alquiladla!" exclamó Amma. "Utilizad el dinero del alquiler para ayudar a los pobres. Amma ha visto muchas personas pobres con problemas de riñón que no se pueden permitir un trasplante. Esas personas necesitan diálisis diaria y les cuesta miles de rupias. Un trasplante de riñón cuesta, al menos, 100.000 rupias. Incluso si pudieran pagarlo, tendrían que hacer frente después a los cuidados post-operatorios y a las medicinas. ¿Cómo va a poder un pobre pagar un tratamiento tan caro, si ni siquiera tiene para saciar su hambre? Una persona con una expectativa de vida de 80 años puede morir a los 40 por no poder pagarse los cuidados médicos. ¿No somos, entonces, todos responsables de esa muerte prematura? El dinero que se malgasta en lujos se puede emplear en salvar muchas vidas".

Los devotos aceptaron la derrota. Entonces, Amma empezó a caminar hacia su antigua habitación. Antes de entrar se giró para mirar las caras de los devotos. De repente, su expresión cambió. Su cara reflejaba amor y compasión. Con una voz suave, Amma dijo: "Sí", y se dirigió a su nueva habitación. La tensión que había en el ambiente se disipó, dando paso al alivio y la alegría. Los devotos expresaron voz en alto su gratitud hacia Amma.

Amma hizo todo lo que pudo para mostrar a los presentes que no se había gastado bien el dinero. Al final, actuó movida por su desbordante compasión hacia sus hijos. Sabía que deseaban de corazón que se quedase en aquella habitación y no quería que se sintieran tristes. Aunque lo que enseñaba era humildad, ella estaba estableciendo el ejemplo definitivo: Por encima de todo, que sea el amor el que guíe nuestros actos.

Segunda Parte

El camino hacia el Éxito Supremo

Sigue a los que brillan,

A los sabios, a los conscientes, a los que aman,

Pues ellos saben cómo trabajar y son pacientes.

Síguelos,

Al igual que la luna sigue el camino de las estrellas.

– Dhammapada (escritura budista)

Capítulo 7

El cuerpo, la mente y el intelecto: una guía utilitaria

Todos utilizamos diferentes instrumentos y herramientas para realizar nuestro trabajo y hacer frente a las necesidades cotidianas. Sin embargo, si no sabemos cómo usar esos utensilios adecuadamente, en vez de beneficiarnos de su uso, podemos llegar a hacernos daño. Si queremos obtener el máximo rendimiento, los instrumentos que usemos deberán estar bajo nuestro control y seguir nuestras instrucciones.

Supongamos que vamos conduciendo un coche y queremos girar a la izquierda. Si el coche dijera: "No. Sólo giraré a la derecha", estaríamos en apuros. Todos hemos escuchado historias de ciencia ficción en las que las máquinas asumen el control sobre los seres humanos. No quisiéramos que esto sucediera, pues nuestra existencia se convertiría en una pesadilla. Por desgracia, algo parecido ya está pasando en nuestra vida.

Nuestro cuerpo, mente e intelecto son los instrumentos que se nos han dado para hacer más cómodo el viaje por nuestra vida. Sin embargo, a menudo nos encontramos con que no somos capaces de utilizar esos instrumentos como deseamos. Más bien, son ellos los que nos utilizan a nosotros. Cuando, a veces, sentimos que nuestra vida no va bien, es posible que el problema esté en el instrumental que estamos empleando.

En occidente, la gente suele identificar la mente con el intelecto. Según el *Vedanta*[1], hay cuatro instrumentos internos o, más exactamente, cuatro funciones distintas realizadas por un solo instrumento. Estas son: *manas* (mente), *buddhi* (intelecto), *chitta* (memoria) y *ahamkara* (ego).

Manas es la sede de las emociones. Cuando estamos tristes, enfadados, felices o tranquilos, lo sentimos en la mente. También es la facultad de la duda. *Buddhi* es la facultad de decisión. Es la fuerza que nos permite elegir una cosa sobre otra. Las decisiones del intelecto impulsan todas nuestras acciones. *Chitta* es el almacén de nuestros recuerdos. Por ello, es la causa principal de nuestras ideas preconcebidas sobre los objetos, la gente y las situaciones que nos encontramos en la vida. *Ahamkara* es el sentimiento de que "estoy haciendo tal y tal acción, y estoy experimentando su resultado".

Aquí, lo que más nos interesa es la mente y el intelecto. El Vedanta nos dice que la mente no es más que una corriente de pensamientos. Así como a un solo árbol no se le puede llamar bosque, tampoco se puede llamar mente a un único pensamiento concentrado, ni a la ausencia de pensamientos. Por tanto, la mente sufre una muerte pasajera durante el sueño profundo. Cuando dormimos profundamente, toda nuestra confusión mental se detiene. Por eso, después de haber dormido bien, nos sentimos contentos y renovados. Si somos capaces de mantener ese estado de calma mientras estamos despiertos, podremos solucionar la mayoría de nuestros problemas mentales.

Por desgracia, más que tener la mente bajo control, es nuestra mente la que nos controla la mayoría de las veces. El instrumento nos utiliza para hacer lo que desea. Amma suele poner este

---

[1] Literalmente, Vedanta significa "El final de los Vedas". Hace referencia a los textos Upanishads, que aparecen al final de los textos Vedas y que tratan sobre *Brahman,* o la Verdad Suprema, y el camino para realizar esa Verdad.

ejemplo: mientras el perro sea capaz de mover la cola, estará feliz. Si fuera la cola la que empezase a mover al perro, ya no tendría ningún momento de calma. Incluso el comer y el dormir serían todo un reto. Nuestra situación es parecida a la de un perro sacudido por su cola.

Amma dice que si entrenamos la mente de una forma apropiada, tendremos más paz. Sin una cierta paz mental, no podemos meditar ni hacer ninguna práctica espiritual con concentración. Es necesario controlar los instrumentos del cuerpo, la mente y el intelecto.

Si no controlamos la mente, no seremos capaces de disfrutar de nada, aunque haya paz y tranquilidad a nuestro alrededor. En la actualidad, nuestra mente es como un caballo salvaje. Nadie quiere estar triste ni enfadarse, pero siempre experimentamos esos sentimientos ante situaciones difíciles. Ocurre así porque no somos capaces de utilizar la mente ni el intelecto como queremos. Si ambos hubieran estado bajo nuestro control, habríamos afrontado la situación con una mente tranquila y serena.

Todos tenemos muchos defectos en nuestra mente: la impaciencia, los celos, la ira, la avaricia, los prejuicios, etc. El Gurú crea las situaciones para sacarlos a la superficie y, después, nos los hace ver. Una vez somos conscientes del defecto, el Gurú nos ayuda a superarlo.

En los primeros días del ashram, cuando Amma estableció la norma de levantarse a las cuatro y media de la madrugada y la de meditar durante un número determinado de horas al día, algunos de nosotros no nos sentimos contentos porque estábamos acostumbrados a dormir mucho. Como no queríamos levantarnos tan temprano, algunos optamos por no acudir a la meditación de las cuatro y media, ni a la *archana* (adoración).

Cuando Amma se enteró de que algunos no íbamos al culto de la madrugada, empezó a ir ella. Muchos días se iba a la cama después de las doce de la noche, pero para inducirnos a levantarnos temprano, Amma aparecía allí antes de las cuatro y media, dispuesta a cantar y meditar. Cuando supimos que Amma acudía a la *archana* después de dormir tan poco, nos sentimos muy avergonzados, y empezamos a ir con regularidad. Al no permitir que el cuerpo durmiera muchas horas, fuimos capaces de superar, en este sentido, nuestra esclavitud al cuerpo físico.

Nos sentíamos molestos si Amma hacía algo que nos disgustaba, si nos señalaba los errores o si alababa a alguien que no nos caía bien. En esos casos, nos enfadábamos mucho e incluso llegábamos a discutir con Amma. Al principio, Amma no hacía mucho caso de nuestras reacciones. Pero después de unos años, empezó a tomarse muy en serio esos arrebatos. Cuando reaccionábamos de forma negativa ante algunas situaciones o ante las palabras e instrucciones de Amma, se negaba a comer o beber. A veces, incluso salía bajo un sol abrasador o una lluvia torrencial, o se metía hasta la cintura en un estanque cercano. De este modo, se castigaba a ella misma por nuestros errores. Amma nos decía: "Habéis venido hasta Amma con el fin de alcanzar la Auto-Realización. Si Amma no corrige vuestros errores, no progresaréis; Amma no os estaría haciendo justicia. Amma adopta estas medidas tan severas para ayudaros a crecer espiritualmente".

Más adelante, nos instruía amorosamente sobre cómo afrontar situaciones parecidas en el futuro. Después, creaba algunas de ellas para ver si estábamos asimilando las enseñanzas que se suponía teníamos que aprender. Gracias a su infinita paciencia e insondable compasión, fuimos cada vez más conscientes de nuestras reacciones negativas y empezamos a arrepentirnos de nuestras locuras anteriores. Amma nos enseñó a hacer un buen uso de los instrumentos de la mente y el intelecto, en lugar de ser utilizados por ellos.

Amma emplea su cuerpo, mente e intelecto únicamente por el bien de sus hijos. ¿Quién sería capaz de sentarse como ella dando *darshan* hora tras hora, día tras día? Al observar la vida de Amma, también aprendemos a utilizar de la mejor manera posible los instrumentos que Dios nos ha dado. Por supuesto, no podemos imitar lo que Amma está haciendo. Pero, en vez de limitarnos a decir: "Es maravillosa", también deberíamos tratar de aprender el arte de dominar nuestro cuerpo, mente e intelecto. Sólo entonces podremos disfrutar de una paz y felicidad auténticas. De otro modo, cualquier situación de nuestra vida nos alterará.

No debemos pensar que es una hazaña imposible. Hay muchos que se olvidan de comer y dormir mientras trabajan para sacar adelante sus negocios. Son capaces de hacer que su cuerpo obedezca a su voluntad, pues se han comprometido a alcanzar los objetivos que se han marcado. Un devoto me dijo una vez: "Mi hijo también se pasa muchos días sin comer ni dormir, cuando ve los campeonatos mundiales de béisbol en la televisión". Por poner otro ejemplo, cuando el jefe se enfada o se muestra muy exigente, hay personas capaces de controlar su propia ira. No reaccionan porque saben que si responden negativamente, serán despedidos.

Ciertamente, somos capaces de controlar nuestro cuerpo, mente e intelecto, incluso en situaciones difíciles, cuando tratamos de conseguir un objetivo concreto o nos dedicamos en cuerpo y alma a algo que nos interesa. También deberíamos ampliar esta capacidad en nuestra práctica espiritual y en la manera de comportarnos con los demás.

Para los devotos de Amma, es nuestra devoción por ella lo que nos ayuda a desarrollar esa capacidad. Hace muchos años, cuando trabajaba en un banco, hacía horas extras para ganar más dinero. Cuando dejé mi trabajo para residir permanentemente en el ashram, mi entusiasmo por el trabajo se disipó y me volví un tanto perezoso. Pero al ver el amor que Amma nos tenía, quise

ayudarla de cualquier forma que pudiera, aunque fuera pequeña. Esto me permitió superar mi pereza y el apego a mi propia
comodidad física.

Cuando nuestro amor y cariño por Amma son capaces de
vencer nuestros apegos a los placeres del cuerpo y a los deseos de
la mente, somos capaces de someter los instrumentos a nuestro
control, de una forma natural.

Capítulo 8

El objetivo de la vida

La vida es un viaje y este cuerpo es el vehículo que se nos ha dado para realizarlo. Es un viaje del pequeño ser al Ser Infinito. Por eso, las Escrituras dicen: "El cuerpo humano es, ciertamente, el instrumento para realizar a Dios, lo cual constituye el objetivo final de la vida".

Pero en Occidente, a menudo, no se considera que el nacimiento humano y el cuerpo sirvan a un propósito tan elevado y noble. De hecho, hasta Shakespeare se refirió a la vida como: "Un cuento contado por un idiota, lleno de sonido y furia, pero carente de significado".

En ocasiones, movidos por la frustración, llegamos a decir que nuestra vida no vale nada o que no queremos vivir más. Sin embargo, supongamos que alguien nos dice: "Te doy un millón de dólares a cambio de tus manos y piernas". No aceptaríamos la oferta porque valoramos mucho nuestro cuerpo. Puede que donemos un riñón, pero no los dos, porque nuestro cuerpo es lo más valioso que tenemos. Si no somos capaces de vender una parte de nuestro cuerpo por un millón de dólares, ¿cómo podemos decir que nuestra vida no vale nada? Nuestra vida es, sin lugar a dudas, un regalo, una bendición de Dios.

En la tradición hindú, se dice que antes de recibir un nacimiento humano, tenemos que atravesar cientos de miles de vidas, en formas de vida más bajas, desde una brizna de hierba a un árbol, desde un gusano al pájaro que se lo come, desde monos hasta otros animales distintos. Incluso desde la perspectiva de la evolución biológica, ¿cuántos billones de años hicieron falta para que los seres humanos aparecieran en la tierra? Desde la ameba unicelular a los peces del mar, reptiles, pájaros y, por último, monos y Neardentales, ¡cuánto trabajo le ha costado a la creación crear el cuerpo humano!

A pesar de ser tan valioso, la tendencia general de la gente de hoy en día, es considerar el cuerpo como un mero instrumento para disfrutar de los placeres de la vida. Amma dice que está bien disfrutar de los placeres del mundo siempre que no nos entusiasmemos con ellos y fracasemos a la hora de realizar nuestro Verdadero Ser. Los *Upanishads* se refieren a ese fracaso como *mahati vinashti* o "la gran pérdida". Toda la felicidad que podamos experimentar en el mundo es, tan sólo, una fracción infinitesimal de la dicha de la Auto-Realización. En realidad, ni siquiera esa felicidad proviene del exterior. Cuando satisfacemos un deseo concreto, nuestra mente deja de buscar algo fuera, aunque sólo sea por poco tiempo. En ese momento, nos sentimos felices. Pero, ¿de dónde proviene esa felicidad? Cuando nuestra mente abandona por un breve momento sus continuos esfuerzos por lograr y conseguir, somos capaces de percibir, de manera muy tenue, la dicha de nuestro Verdadero Ser. Esa dicha aparece como refractada gracias a la oscurecimiento momentáneo de nuestro ego, de nuestros apegos e ideas preconcebidas. A ese pálido reflejo lo llamamos felicidad. La mayoría de nosotros vamos tras ella en lugar de buscar la fuente, que es nuestro propio Ser. Los Mahatmas como Amma nunca se dejan engañar por el reflejo, están plenamente dichosos en el Ser, que es la fuente y el sustento de todo lo demás.

Según parece, Albert Einstein dijo en sus últimos días: "A veces, sospecho que he desperdiciado mi vida. Indagué en las más remotas estrellas y me olvidé por completo de indagar en mí mismo, ¡y yo era la estrella más cercana!" Aunque hagan estas profundas declaraciones personas a las que, normalmente, tenemos en alta consideración, solemos por conveniencia tergiversar o ignorar sus palabras porque nos hacen sentir incómodos. Mientras disfrutamos del mundo, no debemos olvidarnos del objetivo final de la vida. Se nos han dado como bienes el cuerpo, la mente y el intelecto. Para no perder estos valiosos bienes y alcanzar la meta de la vida humana, tenemos que aprender a usarlos adecuadamente.

En el *Katha Upanishad*, se compara el cuerpo con un carro. El intelecto es el que conduce el carro, los órganos de los cinco sentidos son los cinco caballos que tiran del carro y la mente son las riendas que controlan a los caballos. El auriga (conductor) debe saber el destino así como la manera de llegar a él. También debe ejercer un buen control sobre los caballos. Si es un auriga cualificado, puede alcanzar el objetivo aunque el carro esté en mal estado. Pero si no está cualificado, aunque tenga un vehículo perfecto, es posible que no llegue a su destino.

Mediante su ejemplo, Amma nos muestra claramente el camino correcto que debemos seguir en nuestra vida para alcanzar el objetivo final: utilizar nuestro cuerpo para ayudar a los demás, utilizar nuestras palabras para consolarlos con amor y utilizar nuestra mente para fomentar buenos pensamientos y plegarias. Amma dice: "Aquel cuyas piernas se apresuran para ayudar a los que sufren, cuyas manos anhelan dar consuelo a los afligidos, cuyos ojos derraman lágrimas de compasión, cuyos oídos escuchan las desgracias de los afligidos y cuyas palabras alivian a los que sufren, aquel en verdad ama a Dios".

Amma dice que, hasta el momento de exhalar su último suspiro, desearía estar consolando a alguien y secando sus lágrimas. Incluso para aquellos que la odian, Amma sólo tiene palabras de amor y compasión.

Recuerdo un incidente que ocurrió en el ashram cuando dos residentes tuvieron una disputa. En realidad, uno de ellos era claramente culpable, pues había cometido un grave error. El otro residente interpuso una queja a Amma, esperando que se pusiera de su parte. Amma consoló en primer lugar al "demandante" y, después, llamó al "acusado". El "demandante" estaba seguro de que se iba a llevar a cabo un juicio e interrogatorio exhaustivos; pero, para su consternación, Amma procedió a instruir al otro residente con mucha suavidad. Después de esta inesperada salida, el "demandante" apeló a Amma diciendo: "Amma, no creo que esto sea justo". Amma le sonrió y dijo: "No hay justicia en el tribunal del Maestro. Sólo hay piedad y compasión. La justicia se obtendrá en el tribunal del tiempo".

Tal vez pensemos que resulta imposible llevar una vida que encarne todas las cualidades divinas que vemos en Amma. No hay duda de que todos tenemos problemas a lo largo de nuestra vida, pero eso no debería hacernos olvidar el propósito de la vida. Si Amma se ha convertido en lo que es actualmente, no ha sido por falta de problemas, sino a pesar de muchos problemas.

A diferencia de nosotros, Amma tuvo toda la libertad para elegir las circunstancias en las que nació. Cuando un devoto le preguntó: "¿No te sientes triste al pensar en todas las penalidades que has sufrido?" Amma contestó: "No, porque yo soy la que escribió la obra en la que ahora estoy actuando".

Amma eligió esa vida de privaciones para sí misma con el fin de enseñar que, a pesar de todos nuestros problemas, podemos seguir cultivando las cualidades divinas y, finalmente, realizar nuestro Verdadero Ser. Incluso hoy en día, Amma no necesita dar *darshan* día y noche, ni responder a nuestras preguntas y dudas, ni cantar o meditar con nosotros. Hay mucha gente que se sentiría feliz de ver a Amma en un hotel de cinco estrellas el resto de su vida. Por supuesto que a Amma nunca se le ocurriría eso. A dondequiera que viaje, a menos que tenga un ashram allí, se queda en casa de algún devoto. A veces, la casa es muy pequeña y sólo tiene dos habitaciones para el grupo formado por quince personas. Hasta los anfitriones le dicen a Amma que, con mucho gusto, le buscarían una casa más grande y bonita o alquilarían habitaciones en buenos hoteles, pero Amma siempre lo rechaza.

Durante la gira anual europea de Amma, entre las sesiones de mañana y tarde, suele quedarse en el edificio donde se lleva a cabo el programa, sin disfrutar de la comodidad de ir a la casa que le han preparado. Después del *darshan* de la mañana, es posible que se tarde una hora en regresar a la casa donde se aloja y volver para el *darshan* de la tarde. En vez de perder tiempo viajando de un lado a otro, Amma dice: "Puedo emplear ese tiempo en dar *darshan* a muchas más personas".

En la gira americana de Amma del año 2002, cuando visitó la ciudad de Iowa por primera vez, los organizadores habían preparado un avión privado para facilitar a Amma el viaje desde Chicago. Querían hacer todo lo posible para evitarle cansancio físico a Amma, sobre todo, después de una larga noche de *darshan* en Chicago. A primera vista, parecía una idea noble. Los ejecutivos y las celebridades viajan en aviones privados todo el tiempo, aunque estén mucho menos ocupados que Amma y no se pasen dieciocho horas al día escuchando los problemas de miles de personas.

Cuando Amma se enteró de este plan, pidió que se cancelase el vuelo de inmediato. Dijo que había visto el sufrimiento de millones de personas por todo el mundo, muchos de los cuales no tienen comida, vivienda ni medicinas por falta de dinero. No importaba quién pagase el avión, Amma dijo que no era capaz de aceptarlo, sabiendo que el dinero se podría dedicar a ayudar a los que sufren, en vez de destinarlo a su propia comodidad. Incluso, hoy en día, Amma viste un sencillo sari blanco, duerme en el suelo y sólo come un puñado de arroz y un poco de verdura. Un mendigo también puede vivir con muy poco, pero esa no es la verdadera renuncia; pues lo hace obligado por las circunstancias. Amma podría tener todas las comodidades del mundo, y a pesar de ello, toma muy poco del mundo y, a cambio, da mucho.

Intentemos seguir el ejemplo de Amma lo mejor que podamos. En lugar de utilizar nuestro cuerpo como simple instrumento para disfrutar de los placeres del mundo, usémoslo para servir y ayudar desinteresadamente a los demás. Así, nuestra vida será una bendición para el mundo y, finalmente, nos conducirá a la Auto-Realización.

Capítulo 9

La transformación final

El sol naciente, la luna llena, la brisa de primavera, el loto en flor... Toda esta belleza y esplendor no han disminuido a pesar del impacto que ha tenido el desarrollo de la tecnología y la industria. Aunque persisten todas estas pequeñas maravillas en todo lo que nos rodea, no somos capaces de disfrutarlas como lo hacían las generaciones pasadas o, incluso, como lo hacíamos de niños.

Se ha disparado la cifra de personas que sufren depresión y otros desórdenes mentales. Un profesor de Estados Unidos me contó que cada mañana se forma, delante del despacho del director, una fila de niños que esperan recibir su medicación por algún que otro desorden mental.

Podemos pensar que el mundo ha dado un giro a peor y que, por eso, nuestro entusiasmo y energía se han agotado en los últimos años. De hecho, más que cambiar el mundo, ha cambiado nuestra actitud y valores. Lo que hace falta es una total transformación de nuestra visión de la vida y de su finalidad.

Para ilustrar la importancia de la transformación individual en el mundo actual, me gustaría compartir un informe que leí hace poco sobre el declive de los valores en la sociedad. Una encuesta realizada en 1958 a directores de instituto de Estados Unidos decía que los principales problemas entre los estudiantes eran:

1- No hacer la tarea
2- No respetar el material escolar

3- Dejarse las luces encendidas y las puertas y ventanas abiertas

4- Hacer ruido y correr por los pasillos

Los resultados de la misma encuesta 30 años más tarde eran alarmantes. En 1988, los mayores problemas de los estudiantes ocupaban el siguiente orden:

1- Abortos

2- Sida

3- Violaciones

4- Drogas

5- Asesinato, pistolas y cuchillos en escuelas e institutos

6- Embarazos en adolescentes

Si se hiciera la misma encuesta en estos momentos, no me atrevería a leer sus resultados. Amma cuenta la siguiente historia: Una vez, un padre se enteró de que su hijo frecuentaba algunos clubes nocturnos. El padre le aconsejó que no fuera a esos sitios diciéndole: "Si vas a algún club nocturno, verás cosas que se supone que no tienes que ver".

A pesar del consejo de su padre, el chico volvió a ir a un club nocturno. Al día siguiente, le dijo a su padre: "Papá, ayer por la noche fui a un club nocturno y vi algo que se suponía que no tenía que ver".

El padre le preguntó: "¿Qué viste?"

El muchacho respondió: "Te vi a ti, sentado en primera fila".

Amma dice que los padres deberían ser los primeros en fomentar buenas cualidades como la paciencia, la amabilidad y la auto-disciplina. Si los padres no tienen esas cualidades, los hijos seguirán sus pasos.

Por desgracia, nuestra mente no tiende de modo natural hacia los buenos pensamientos y las buenas cualidades. Como Albert Einstein dijo: "La ciencia puede desnaturalizar el plutonio, pero no puede desnaturalizar la maldad en la mente del hombre".

Eliminar la negatividad de la mente es sumamente difícil. No es un proceso automático como el hacer la digestión. Tenemos que iniciar el proceso conscientemente. Aunque tengamos una educación exquisita, eliminar las tendencias negativas de la mente no es tarea fácil.

Puede que nos preguntemos por qué es así. Mientras que todo lo demás permanece igual, ¿por qué la mente tiende a ir hacia abajo, y no hacia arriba?

Se debe a los *vasanas* que heredamos del pasado. Si cuando actuamos de un cierto modo, obtenemos una experiencia placentera, se crea una impresión en la mente que la impulsa a perseguir una experiencia similar en el futuro. Cuando repetimos una acción varias veces, se desarrolla una fuerte tendencia o hábito que es muy difícil de romper. Además de los *vasanas* heredados de nacimientos anteriores, seguimos reforzando o creando otros nuevos en nuestra vida actual.

En la gran epopeya india *Mahabharata*, Duryodhana, el hermano mayor de los Kauravas, dice: "Sé muy bien lo que es *dharma* (virtud, rectitud), pero no soy capaz de actuar de acuerdo con él. Sé muy bien lo que es *adharma* (falta de virtud o rectitud), pero no soy capaz de evitarlo". Duryodhana poseía el conocimiento de lo correcto y lo incorrecto, pero la fuerza de sus *vasanas* le impedía hacer uso de él.

Amma dice que otro motivo por el que nuestra mente no tiende hacia pensamientos divinos es porque nuestros padres no tenían pensamientos divinos cuando nos concibieron; sus pensamientos eran lujuriosos, y eso afecta a nivel sutil a nuestra mente.

En última instancia, no merece la pena tratar de imaginar de dónde proceden los *vasanas*. Si malgastamos nuestro valioso tiempo intentando descubrir su origen, seremos como el hombre herido por una flecha que, en lugar de sacarse la flecha y curarse la herida, está más interesado en saber quién disparó la flecha y en conocer la clase de madera y plumas utilizadas en su fabricación. De igual manera, puede que no sepamos cómo nos metimos en un laberinto, pero nos basta con encontrar la salida.

Un modo de superar nuestros *vasanas* es ampararse en un *Satgurú* como Amma. Muchas personas experimentan una transformación extraordinaria después de conocer a Amma. Los alcohólicos dejan de beber, los fumadores empedernidos dejan de fumar, la gente violenta se hace más amable, y desaparecen otras malas costumbres y obsesiones.

Al final de mi formación académica, quería llegar a ser médico pero acabé como empleado de banco. A pesar de tener un buen empleo, mi deseo de tener una profesión médica era tan fuerte que aspiraba, al menos, a ser representante de una compañía proveedora de productos médicos. Me obsesionaba ese cambio en mi profesión. Mi padre y amigos me aconsejaron que no dejase un empleo tan lucrativo como el del banco. Me advirtieron que el trabajo como visitador médico no era tan bueno como mi puesto en el banco. Me dijeron que los visitadores siempre están esperando en las puertas traseras de las consultas de los médicos, a disposición de sus clientes. Sin embargo, no podía abandonar ese deseo irracional, hasta que conocí a Amma. Después de conocerla, esa obsesión desapareció espontáneamente. Este tipo de transformaciones son muy comunes en presencia de un Mahatma.

Por eso se considera tan importante conocer a un Mahatma. Así como una persona que frecuenta malas compañías, imitará el comportamiento negativo de las personas que sigue, el contacto con un Mahatma tendrá un efecto positivo en nuestra vida y nuestro carácter. Para decirlo de otro modo, cuando vamos con malas compañías, nos volvemos malos; cuando nos relacionamos con una persona honrada, nos volvemos honrados; cuando estamos en contacto con un Maestro Espiritual, nos volvemos espirituales. Cuanto más receptiva sea la persona, mayor será la transformación.

Si queremos ser más receptivos, hagamos cuanto esté a nuestro alcance para recordar constantemente a nuestro Gurú, y sigamos sus instrucciones sinceramente. También podemos fomentar la pureza mental a través de buenos pensamientos, tratando de evitar los malos y reemplazándolos por pensamientos positivos.

Hace unos pocos años, uno de los programas de Amma en Alemania se celebró muy cerca de un bar. Una tarde, un borracho salió tambaleándose del bar y entró en la sala donde Amma daba *darshan*. Preguntó a una devota qué ocurría. Ella le explicó, con amabilidad y paciencia, que Amma era una santa de la India y le preguntó si quería recibir su bendición. Él dijo que le daba igual. Aunque era evidente que estaba muy borracho y divagaba, llevamos al hombre a recibir el *darshan* de Amma. Ella pasó mucho tiempo con él, envolviéndolo en amor y ternura y preocupándose por su estado de embriaguez y desaliño. No esperábamos volverlo a ver.

Tres meses más tarde, tras nuestro regreso a la India, apareció en el ashram Amritapuri. Parecía muy pequeño, igual que el hombre que había entrado en la sala del programa haciendo eses. Llevaba el pelo rapado, ropa limpia y un *rudraksha mala* (rosario indio, hecho de semillas del árbol rudraksha), pero lo reconocí. Le pregunté qué le había pasado y me respondió que no sabía qué había hecho Amma, pero desde la noche que la conoció, estaba completamente transformado. A pesar de que sus padres y amigos le habían dicho siempre que no bebiera tanto, nunca había podido controlar ese hábito. Me contó que, otras veces, estando muy borracho, le habían tratado mal y hasta le habían dado alguna paliza. Pero aquella tarde con Amma, sólo había recibido amor y amabilidad. Después de aquella experiencia, perdió todo interés por la bebida. Me dijo que quería quedarse en el ashram.

Incluso asesinos se han convertido en grandes sabios gracias a su contacto con un Maestro Realizado. Puede que muchos de vosotros conozcáis la historia del sabio Valmiki, que compuso el *Ramayana*. Antes de convertirse en un gran sabio, era un simple ladrón y asesino que vivía en el bosque. Después de conocer a un grupo de Mahatmas, se transformó por completo. En una tierra de eruditos y santos, él era un hombre analfabeto e inculto de la selva, que se convirtió en el autor de la primera gran epopeya escrita en sánscrito (24.000 versos). Todavía hoy, después de miles de años, mucha gente la lee y la disfruta. Este es el milagro que puede producir el encuentro con un Mahatma.

Otro ejemplo es el de Angulimala, quien había hecho el juramento de matar a 1.000 seres humanos. Cuando se encontró a Buda caminando por un bosque ya había dado muerte a 999. Empezó a perseguir al monje con la intención de convertirlo en su víctima número 1.000. Aunque Buda iba caminando a paso lento, Angulimala no podía alcanzarlo. Al final, agotado, gritó: "¡Eh, monje, párate!"

Buda respondió: "Yo ya me he parado. Eres tú el que no lo ha hecho".

Confundido, Angulimala preguntó a Buda qué quería decir. Buda le explicó: "Digo que he parado, porque ya he renunciado a matar a todos los seres. He dejado de tratar mal a todos los seres y me he establecido en el amor, paciencia y conocimiento universales por medio de la reflexión. Tú no has dejado de matar ni de tratar mal a los demás, y todavía no estás establecido en el amor y paciencia universales. Por tanto, tú eres el que no se ha parado". Transformado por estas palabras, Angulimala arrojó sus armas, siguió a Buda y se hizo discípulo suyo. Mediante buenas acciones y una práctica espiritual sincera, Angulimala llegó a realizar a Dios. Más adelante, Buda dijo de él: "Aquel cuyas malas acciones son oscurecidas por el bien, él ilumina este mundo como la luna liberada de la nube".

Recuerdo un ejemplo parecido en la vida de Amma cuando contaba unos 20 años de edad. Había un grupo de personas del pueblo vecino a quienes no les gustaba la creciente influencia de Amma. Ofrecieron alcohol y dinero a un granuja del pueblo, que había estado varias veces en la cárcel, para convencerle de que agrediese a Amma. El hombre fue a la casa familiar de Amma después de la medianoche. En aquella época, el padre o la madre de Amma solían vigilarla hasta bien entrada la noche, mientras ella se sentaba inmersa en meditación en el bosquecillo de cocoteros delante del templo. Esa noche, Amma estuvo tanto tiempo que, al final, su padre se cansó y se fue a dormir. Así que el granuja se dirigió hacia Amma, que meditaba sola. Cerca de ella, había dos perros tumbados. De repente, en cuanto el hombre se acercó a Amma, uno de los perros dio un salto y le clavó los dientes en la mano. Al escuchar los ladridos de los perros y los gritos de agonía del hombre, Amma abrió los ojos y vio cómo se agarraba la mano ensangrentada.

A pesar de que Amma comprendió claramente las intenciones de aquella persona, se acercó a él, le dijo que no se preocupara y le limpió y vendó la herida. Después dijo a los vecinos, que habían acudido tras oír el alboroto, que llevaran al hombre a su casa sin hacerle ningún daño.

Después de este incidente, el hombre que pretendió agredir a Amma se transformó por completo. Incluso llevaba gratis en su barca a los devotos de Amma hasta la otra orilla de la laguna marina.

Simplemente, estar en presencia de un ser divino, genera un cambio en nosotros. Con su amor y compasión, Amma ya está produciendo esa transformación positiva en millones de sus devotos. Muchos de ellos hicieron cosas malas en el pasado, pero al estar expuestos a la divinidad de Amma, han cambiado y se han convertido en personas honradas.

De este modo, Amma no sólo está ayudando a millones de individuos, sino que está restaurando la armonía perdida en la familia y en la sociedad. Si nosotros cambiamos, ira cambiando, poco a poco, la gente a nuestro alrededor. Y otros que entren en contacto con ellos también empezarán a cambiar. Amma siempre dice que no somos islas solitarias, sino eslabones de una cadena. Nos demos cuenta de ello o no, cualquier acción que realicemos influye en los demás. La sociedad está hecha de individuos. Cuando los individuos cambien a mejor, habrá más armonía y paz en toda la sociedad.

Capítulo 10

El deseo que elimina los deseos

Todos tenemos muchos deseos y nos sentimos muy felices cuando se cumplen. Por desgracia, muchos de ellos nos llevan a desear cada vez más. No hay nada malo en intentar satisfacer nuestros deseos, pero debemos recordar que el desear algo no significa que tenga que ser bueno para nosotros.

Recuerdo la historia de un devoto de Amma que ilustra este punto. Era un joven que se había graduado hacía poco en la universidad con muy buenas notas. Soñaba con ser *brahmachari* y vivir en el ashram con Amma, pero su familia era muy pobre y quería ayudar a sus padres antes de ir a vivir al ashram.

Cada vez que iba a ver a Amma, rezaba para conseguir un trabajo enseguida y, así, ayudar a sus padres antes de entrar en el ashram.

Poco tiempo después le ofrecieron un puesto en Oriente Medio. Era un buen trabajo con un considerable sueldo. El único problema era que tenía que firmar un contrato que le obligaba a trabajar un mínimo de cinco años en esa empresa. Si dejaba el trabajo antes de completar los cinco años de servicio, debía devolver todo el dinero que había recibido. Este era el trato que le ofrecían.

Llegó al ashram para contarle a Amma la oferta de trabajo. Le dijo: "Me ofrecen un sueldo muy bueno y tendría que aceptar".

Amma le contestó: "¿Por qué no esperas un poco más? Ya te harán otra oferta con mejores condiciones". Aunque Amma le había hecho una sugerencia muy clara, él no quiso escucharla.

Estaba seguro de que no le ofrecerían otro trabajo que le permitiera ayudar tanto a su familia.

Así que aceptó el puesto y, después de dos años, sus padres pudieron saldar todas las deudas con el dinero que les envió a casa. Mientras tanto, la devoción de sus padres por Amma se hizo tan intensa que, tras pagar todas las deudas, vendieron su casa y se fueron a vivir al ashram. Cuando su hijo se enteró de la noticia, se disgustó mucho, ya que había aceptado el contrato de cinco años por sus padres. Aún hoy, no puede venir al ashram porque todavía no ha completado su contrato.

Si hubiera escuchado a Amma, seguro que habría encontrado otro trabajo y, después de un tiempo, probablemente se habría quedado en el ashram como *brahmachari*. A veces los deseos, incluso los aparentemente buenos, nos pueden acarrear problemas.

Por eso se dice: "Cuando estés ante un Mahatma, no le pidas nada. Sólo cuéntale tus problemas. Él te dará lo que sea mejor para ti. Todo lo que un Mahatma haga o te pida que hagas, será, sin duda, para tu crecimiento espiritual".

Recuerdo una historia que ilustra cómo lo que parece una mala situación puede ser buena para nosotros, y la que parece favorable, nos puede traer sufrimiento. En una ocasión, un hombre de negocios de Bombay vino a recibir el *darshan* de Amma. Se quejó de que su negocio no iba bien y pidió a Amma que hiciera un *sankalpa* para que su negocio se recuperase. Amma le dijo al *brahmachari* que traducía para el hombre: "Lo que le está ocurriendo es por su propio bien".

Al escuchar la respuesta de Amma, el hombre se desesperó y empezó a suplicar a Amma: "¡No, Amma! No digas eso. Por favor, ayúdame. Sólo seré feliz y tendré éxito si mi negocio prospera".

Ante la sorpresa del *brahmachari*, Amma se puso a reír. No comprendía cómo Amma no sentía compasión por este hombre, tal como suele hacer con los afligidos. Fue más adelante cuando vio con claridad por qué se reía.

Algunos meses después, este mismo hombre volvió al ashram. Cuando se acercó a recibir el *darshan*, empezó a sollozar muy fuerte. Le explicó a Amma que, después de regresar a Bombay, su negocio empezó a florecer. Por la misma época, su hermano menor se unió a la mafia de Bombay y empezó a exigirle elevadas sumas de dinero. Al principio, el hombre cedió ante su hermano, pero cuando la extorsión fue en aumento, se negó a pagar más. La relación entre los hermanos se deterioró y el hermano menor se fue de casa.

Entonces, sin que él lo supiera, su hermano empezó a amenazar a su mujer. Temerosa de las consecuencias, no se lo contó a nadie. Aquella tensión fue demasiado para ella, y se sumió en una depresión.

El júbilo que el hombre había sentido por el éxito de su negocio, se vino abajo por la situación de su hogar. La felicidad que iba a tener si su negocio prosperaba, se le iba de las manos. Desesperado, volvió a Amma.

Durante el *darshan*, le rogó: "¡Amma! Por favor, llévate todas mis riquezas. No me importa ser pobre. Pero que mi mente esté en paz. No he podido dormir en todo este tiempo, ni siquiera una semana. ¡Por favor, Amma, salva a mi hermano y cura a mi mujer!" Amma fue muy compasiva con él. Lo puso en su regazo y lo acarició con amor.

Unos meses después, envió una carta a Amritapuri. En ella, le agradecía a Amma haberle devuelto la paz y la armonía a su vida personal y familiar. Su hermano y su mujer también se hicieron devotos de Amma.

En el caso del hombre de negocios, él creyó que el fracaso de su negocio era una maldición pero, más tarde, se dio cuenta que la paz mental era más importante que el dinero. Si hubiera aceptado el consejo de Amma la primera vez, se habría evitado mucho sufrimiento innecesario.

Cuando tenemos muchos deseos y expectativas, nos puede resultar difícil meditar. No nos será posible sentarnos tranquilamente ya que nos alterarán todos esos pensamientos. Amma dice: "Si estamos realizando práctica espiritual y seguimos deseando muchas cosas, parte de la energía espiritual que surja de la práctica, se empleará en materializar esos deseos. Al satisfacerlos, perdemos energía espiritual y se ralentiza nuestro crecimiento personal".

Amma señala que estamos gastando toda la energía espiritual que obtenemos. Es como aquel que trabaja muy duro durante el día y, luego, se gasta el jornal en cacahuetes en lugar de comprar cosas útiles.

Puede que ahora os preguntéis: "Swamiji, dices que no deberíamos tener deseos; pero, ¿y el deseo de estar con Amma? ¿Qué ocurre con el deseo de alcanzar la Auto-Realización?

Estos deseos son excepciones, porque nos ayudan a crecer espiritualmente. El deseo de alcanzar la liberación o la realización de Dios nos llevará a un estado que se encuentra más allá de los deseos. En ese estado, nos sentimos plenos y completos. El deseo de estar con Amma no es como desear una casa grande, un coche caro o hacernos famosos. Si consiguiéramos la casa que deseamos; al cabo de un tiempo, nos gustaría tener otra casa mayor o una segunda vivienda. De igual forma, todos los deseos materiales sólo conducen a tener cada vez más y más deseos, mientras que el deseo de estar con Amma o el deseo de la liberación, nos ayudan a superar todos los demás. Amma dice que nuestro apego a ella, nos permite desapegarnos de muchas otras cosas. Nos inspira a crecer espiritualmente.

Amma pone un ejemplo. Supongamos que hemos pisado una espina y se ha metido muy adentro. Para sacarla, necesitamos un objeto puntiagudo, incluso otra espina. Así como utilizamos una espina para sacar otra, el deseo por Dios o el Gurú elimina todos los demás deseos.

Las personas se pueden clasificar en tres tipos, en función de cómo responden a sus deseos. Al primer tipo se le denomina *bhogi* o persona mundana. Consigue eliminar sus deseos satisfaciéndolos. Si desea ir a ver una película, va al cine a verla y satisface su deseo. Al día siguiente, si esa persona siente el deseo de comer pizza, va a la pizzería más cercana y procura satisfacerlo. Aunque sea muy común este método de eliminar los deseos, resulta muy peligroso. Es como echar gasolina al fuego, pues no es posible agotar los deseos satisfaciéndolos.

Al segundo tipo se le denomina *tyagi* o renunciante. Antes de intentar cumplir un deseo determinado, el renunciante se pregunta: "¿Me va a ayudar ese deseo a crecer espiritualmente?" Si la respuesta es negativa, si al satisfacerlo sólo van a aumentar sus *vasanas*, esa persona renuncia al deseo.

El tercer tipo es el *Jnani*, o Mahatma, quien ha trascendido ya sus deseos realizando al Ser. El Mahatma sigue comiendo y bebiendo, pero para él, a esto no se le puede llamar deseo. El Mahatma sólo lo hace para mantener su cuerpo. De igual manera que hablan el idioma de la tierra donde han nacido y crecido, ellos toman unas determinadas comidas o bebidas según la cultura en la que se han formado.

Hay un bonito ejemplo de la vida de Sri Ramakrishna Paramahamsa. Una vez, pidió que le trajeran de inmediato un caramelo.

Algunos se preguntaron: "¿Es una persona que ha realizado a Dios y aún desea comer caramelos? ¿Qué es esto?" Sri Ramakrishna explicó a sus devotos que se le hacía muy difícil mantener su mente en el nivel terrenal, puesto que, de manera natural, tendía a entrar en estado de *samadhi*[2]. Explicó que, siempre que pensaba en cosas normales, como comer caramelos o ir a un sitio determinado, su mente tenía que volver. "Antes de dejar que mi mente entre en *samadhi*, pido un pequeño deseo, como comer un caramelo u otra cosa, o pienso en algo que hacer. Entonces, mi mente vuelve para hacerlo". Las almas Auto-Realizadas hacen un *sankalpa* de este tipo para que la mente tenga que volver al plano terrenal. De la misma forma que un despertador nos despierta, estos pequeños deseos o intenciones son como un despertador que recuerda a la persona Auto-Realizada que vuelva a nuestro nivel.

Amma dice que cuando ella canta *bhajans*, si deja que su mente se vaya, es muy difícil que vuelva del estado de *samadhi*. Hoy en día, al haber tanta gente que quiere escucharla cantar, Amma hace un *sankalpa* antes del *bhajan* para cantar toda la canción. Para cumplirlo, su mente tiene que volver para cantar cada verso.

En los primeros días, cuando Amma cantaba un *bhajan*, a menudo entraba en *samadhi* sin haber terminado la canción. Los *brahmacharis* que la acompañábamos seguíamos cantando los mismos versos una y otra vez, esperando a que Amma saliera de *samadhi* y nos dijera cuál era la siguiente canción.

Recuerdo una vez, en el templo antiguo, que estábamos recitando la *archana Lalita Sahasranama* (los 1.000 nombres de la Madre Divina) con Amma. Después de recitar unos cuantos mantras, Amma se perdió en éxtasis divino. En ocasiones, se reía; a veces, lloraba; otras, se quedaba tan quieta como una estatua. Cuando emergió del éxtasis, nos pidió que continuásemos donde

---

[2] *Samadhi* se refiere a un profundo estado de absorción, a la identificación total con el objeto de meditación. Tanto si tiene los ojos abiertos como cerrados, un *Mahatma* siempre está establecido en la Conciencia Suprema. Muchos Mahatmas eligen permanecer siempre en un estado de interiorización, sin relacionarse con el mundo. En cambio, un *Satgurú* elige descender al nivel de la gente normal para ayudarlos a crecer espiritualmente, mientras él sigue establecido en la dicha de la Conciencia Suprema.

lo habíamos dejado. Pero, entonces, volvió a perderse después de unos cuantos mantras. Normalmente, cuesta una hora completar la *archana* pero, aquella vez, nos supuso cinco horas.

En muchas ocasiones, Amma ha intentado recitar los 1.000 nombres de Devi ella sola, pero nunca ha logrado completar la *archana*. Siempre se pierde en *samadhi*. (Claro que Amma no necesita recitar la *archana*, ya que ella es Una con la Madre Divina. Si hace práctica espiritual es para dar ejemplo a los demás, y que éstos lo sigan.)

Al principio, Amma no viajaba mucho ni realizaba muchos programas fuera del ashram. Tampoco había creado ninguna organización, ni proyecto caritativo. Cuando terminaba de dar *darshan* a los devotos, que venían cada día al ashram, y de instruir a los *brahmacharis*, se quedaba libre para pasar varias horas inmersa en *samadhi*. Ahora, tiene tanto que hacer y tantas actividades que guiar, que dispone de muy poco tiempo para sí misma. Miles de personas vienen a recibir *darshan* todos los días y su amplia red de organizaciones educativas y humanitarias se expande continuamente. Amma dice que la compasión es la expresión natural del amor. Debido a la desbordante compasión que Amma siente por nosotros, ella dedica cada momento de su vida a aconsejar, consolar y servir a sus hijos sin perder nunca su paz interior.

De este modo, puede parecer que los Maestros Realizados tienen algunos simples deseos, pero en realidad no es así. El único deseo que tienen es mantener su mente en este plano para poder elevar a la humanidad.

Al observar las acciones desinteresadas de los Maestros Realizados, nos sentimos inspirados a seguir su ejemplo. Esto nos ayudará a trascender nuestros deseos egoístas. Los *brahmacharis* de Amma son un buen ejemplo. Cuando llegamos hasta Amma, todos teníamos muchos deseos. Yo fui a Amma a pedirle que me trasladaran a una sucursal del banco más cercano a mi casa. Otro *brahmachari* acudió a Amma a pedirle que lo bendijera para sacar buenas notas en los exámenes.

Cuando Swami Purnamritananda (en aquel entonces *Brahmachari* Srikumar) terminó la carrera de ingeniería, su padre le buscó un trabajo en el Instituto Raman de investigación en Bangalore. Ya llevaba quedándose en el ashram la mayor parte del tiempo y, como sus padres y casi todos sus parientes se habían hecho devotos de Amma, no esperaba que su padre le pidiera que encontrase trabajo. Pero por mucho que sus padres amaran a Amma, tenían miedo de perder a su hijo en una vida de renuncia. Todavía abrigaban sueños de grandes éxitos para él. Así que su padre lo arregló todo para que trabajase en Bangalore.

Lo último que Swami Purnamritananda deseaba era salir del ashram, pero Amma le convenció para que probase el trabajo, al menos, por unos días. Amma y varios devotos le acompañaron a la estación en una despedida llena de lágrimas. Cuando el tren se puso en marcha, Swami Purnamritananda vio cómo Amma y los devotos desaparecían en la distancia. Lloraba y tenía el corazón roto por la repentina separación. No soportaba estar lejos de Amma ni un momento. Pensar que le estaban mandando fuera por un periodo indeterminado de tiempo era demasiado para él.

Se tumbó en la litera de arriba sin haber comido ni bebido nada. Hacia el amanecer, se quedó dormido. Al poco rato se despertó con la sensación de que alguien le acariciaba la frente. Abrió los ojos y no podía creer lo que veía. Amma estaba sentada en la litera, a su lado. No era un sueño. Estaba plenamente consciente. Intentó levantarse, pero no podía mover el cuerpo ni pronunciar palabra. Amma también estaba en silencio. Sus ojos resplandecían. Pasaron unos minutos en un *darshan* silencioso. De repente, Amma desapareció de su vista. Él cerró los ojos y empezó a meditar.

Pasó el resto del viaje recordando con amor a Amma y, cuando el tren llegó a Bangalore, tuvieron que zarandearle para que saliera de la meditación.

En la estación le esperaba un representante de la compañía, quien no pudo entender el malhumor de Swami Purnamritananda. "¿No se siente feliz por haber conseguido este trabajo?" le preguntó. "Un puesto de trabajo en el Instituto Raman de investigación es el sueño de muchos jóvenes", le dijo. Swami Purnamritananda seguía en silencio.

Después de un rato, se dio cuenta de que su comportamiento no era el adecuado para la ocasión y le dijo al representante que sentía nostalgia por su casa. El representante era muy afectuoso y considerado. Con amor maternal le preparó la comida y le obligó a comerla, sentado a su lado. Swami Purnamritananda sintió claramente que la presencia de Amma fluía por el representante.

Al día siguiente, Swami Purnamritananda comenzó su labor en el Instituto. Era lo que siempre había soñado de estudiante pero, ahora, sólo sentía desprecio por el trabajo que se le había concedido debido a sus años de educación. El investigador principal le tomó aprecio enseguida y le prodigaba alabanzas. Pero Swami Purnamritananda permanecía impasible. Pasó sus días allí solo, en silencio y encerrado en sí mismo.

Muchas veces, Amma le hacía saber de su presencia con claras señales. Mientras dormía, sentía flores que caían sobre su cuerpo; otras veces, oía el tintineo de las tobilleras de Amma; la suave fragancia que siempre la acompaña, llenaba el aire y su voz resonaba en los oídos de Swami Purnamritananda. Más adelante, Amma le dijo que el objetivo de esas señales era ayudarle a comprender que Amma no estaba confinada en los límites de su cuerpo físico y que ella siempre estaba con él.

Las semanas pasaban en lenta agonía. Swami Purnamritananda recibió muchas cartas de consuelo de Amma y, sin embargo, apenas podía leerlas. Pensó muchas veces en volver al ashram, pero Amma se le aparecía en sueños y le decía que se quedase. Tenía miedo de desobedecer a Amma y, por eso, decidió no irse.

Un día se desahogó contándole el problema al representante que tanto cuidado y preocupación había mostrado por él. Aquella noche, con la esperanza de que Swami Purnamritananda encontrase algo de paz mental, el representante lo llevó a un lugar tranquilo y muy hermoso, con empinadas colinas y grandes rocas. Subieron lentamente a la cima de una enorme roca y se sentaron a hablar de Amma. Para entonces, era medianoche y el representante se echó a dormir. Swami Purnamritananda cerró los ojos y se sentó. Un extraño pensamiento le vino a la mente: "Es el cuerpo lo que me separa de Amma. Por tanto, lo destruiré". Se levantó y, asegurándose de que el representante dormía, caminó despacio hasta el borde de la roca y miró al vacío que se abría debajo. Después, cerró los ojos y rezó durante unos segundos, reafirmándose en su decisión. Flexionó las rodillas y se preparó para dar el salto hacia su muerte. Pero, justo cuando empezó a saltar, sintió que, de repente, tiraban de él por detrás y cayó de espaldas. Miró alrededor para ver quién había impedido que saltase a la muerte, pero el representante todavía dormía tranquilamente y no había nadie más a la vista. Supo entonces que había sido Amma quien le había agarrado.

Se sentó a meditar en Amma y su voz resonó en su interior: "Hijo, el suicidio es de cobardes. El cuerpo es muy valioso. Es el instrumento por el cual podemos conocer al *Atman*. Muchos alcanzarán la paz gracias a él. No lo destruyas. Suicidarte es el mayor dolor que podrías causarme. Supera las dificultades. Sé valiente. Yo estoy contigo". Al final, Amma dio permiso a Swami Purnamritananda para volver al ashram.

Antes de conocer a Amma, él aspiraba a ser ingeniero en una prestigiosa compañía. Después de conocerla, ni el trabajo de sus sueños le satisfacía. Su único deseo era estar con Amma. Era el deseo que eliminaba todos los demás y que prometía llevarle a un estado más allá de cualquier deseo.

La compañía de un *Satgurú* es la mejor manera de reducir o superar nuestros deseos, aunque estén muy arraigados. A veces, sólo el hecho de ver a un Mahatma es suficiente para ayudarnos a superar hasta nuestros deseos más intensos.

Puede que alguien se pregunte: "He llegado a un punto en el que no tengo más deseos. Estoy feliz y satisfecho con mi vida. Si no tengo deseos ni expectativas, ¿por qué debo actuar? ¿Por qué no puedo sentarme tranquilamente?"

Esta actitud es pura pereza. Puede que no tengamos ninguna ambición ni deseos fuertes pero, todavía, tenemos *vasanas* negativos acumulados en nuestro interior. Si no trabajamos para deshacernos de ellos, puede que salgan a la superficie en cualquier momento, y nos causen problemas. Cuando nuestras tendencias negativas salen, nos pueden impulsar a actuar erróneamente. Por eso Amma nos pide a todos que realicemos algún servicio desinteresado y práctica espiritual. El servicio desinteresado, el servicio al Gurú y obedecer las instrucciones del Gurú en la práctica espiritual y en la vida diaria, nos ayudará a eliminar nuestras tendencias negativas acumuladas.

Para un buscador espiritual, es importante superar los vasanas negativos, ya que nos impiden realizar a Dios. Si tenemos tendencias negativas, no podremos meditar adecuadamente, ni hacer práctica espiritual, ni sentir la presencia de Dios.

¿Cuál es la causa de esta negatividad? Es la ignorancia. Ignoramos nuestra verdadera naturaleza. En vez de identificarnos con el *Atman* o Ser Universal, pensamos que somos el cuerpo, la mente y el intelecto. Intentamos satisfacer los deseos de estos tres, ya sea jugando limpio o sucio. Como se ha dicho antes, repetir ciertas acciones muchas veces, crea un *vasana* en nosotros. Así pues, la ignorancia respecto a nuestra verdadera naturaleza es la causa de toda nuestra negatividad.

Por supuesto que los *vasanas* no siempre son malos. Si hacemos servicio desinteresado, prácticas espirituales y servimos a nuestro Gurú, creamos tendencias positivas que, poco a poco, van purificando nuestra mente y nos hacen dignos de recibir la gracia de Dios.

Amma dice a menudo que, todo lo que hagamos repetidas veces, se convierte en un hábito y, después de un largo periodo, los hábitos forman nuestro carácter. Y un buen carácter es la cualidad fundamental que se ha de tener para progresar espiritualmente. A veces, vemos que la transformación repentina que sucede al conocer a Amma no dura mucho tiempo y el individuo vuelve a sus viejos hábitos. Esto ocurre porque la persona no tuvo la iniciativa de absorber las enseñanzas de Amma y ponerlas en práctica en su vida diaria. Los Mahatmas pueden transformar nuestra existencia por completo. Pero el que esta transformación se mantenga o no, depende por completo de cómo respondamos a su amor y compasión. Si no estamos dispuestos a caminar unos cuantos pasos de la mano del Maestro, éste no puede conducirnos al objetivo final.

Capítulo 11

El poder de los hábitos

Amma dice que adquirir hábitos positivos es muy importante para un buscador espiritual, pues los hábitos negativos como la impaciencia, los celos y los prejuicios, nos impiden tener paz mental.

A través de su propio ejemplo, Amma nos inspira para que desarrollemos buenas costumbres. Con la paciencia, aceptación y amor de una madre por sus hijos, Amma nos ayuda a vencer nuestros hábitos negativos, y esto nos permite disfrutar de la vida y realizar nuestra práctica espiritual con dedicación y concentración.

Amma cuenta la siguiente historia: Una vez, una mujer fue a recibir el *darshan* de Amma. Después de abrazarla, le pidió que se sentase a su lado un rato. La devota nunca había tenido esa oportunidad y se sintió feliz de estar cerca de Amma durante tanto tiempo. Pasó el resto del día contando a todos su buena suerte y los momentos de dicha vividos junto a Amma. Al día siguiente, volvió para el *darshan* y Amma le pidió, de nuevo, que se sentase a su lado. Esta vez, la mujer se sintió doblemente feliz y, conmovida, lloró de gratitud y alegría.

Después de un rato, esta devota vio a otra mujer de la que estaba celosa que se acercaba para recibir el *darshan*. Amma le pidió a esta segunda mujer que se sentara a su lado. A la primera devota le disgustó que Amma también le pidiera a esta mujer que se sentase junto a ella. Aumentaron así sus celos, y hasta se enfadó con Amma. Aunque la primera devota estaba sentada en el mismo sitio que el día anterior, en el que había vivido una experiencia maravillosa; sin embargo, ahora, la experiencia le resultaba traumática.

Esta devota había pasado todo el año haciendo horas extras para ahorrar dinero, poder viajar, ver a Amma y pasar unos momentos felices en su compañía. Había llegado a Amma después de un largo y duro viaje. Se sintió ampliamente recompensada al poder sentarse junto a ella (lo cual es a menudo difícil por la multitud de personas que rodean a Amma). Sin embargo, cuando consiguió la oportunidad que esperaba, no fue capaz de saborear la paz y alegría previstas; se inquietó tanto que abandonó el valioso lugar al lado de Amma, sin que nadie se lo pidiera. Todo por su tendencia a sentir celos de los demás.

Así como ahora nos resulta difícil tener buenos hábitos, después de adquirir hábitos y valores positivos, se nos hará igual de difícil volver a lo anterior. Hace varios años, uno de los devotos de Amma, que había dirigido una película en malayalam, entregó una copia a Amma antes de estrenarla en los cines y pidió a Amma que la viera. No era una película básicamente espiritual, pero tenía buenos valores morales. Para hacer feliz al devoto, Amma llamó a los *brahmacharis* y dijo: "Veamos esta película".

Yo me sentía muy orgulloso de haber perdido todo interés en ver películas, así que dije a los demás *brahmacharis*: "No deseo verla. Id vosotros". Amma no insistió en que fuera pero, cuando se terminó, me llamó y me amonestó: "¿Crees que eres un gran asceta? Como no hiciste lo que te pedí que hicieras, voy a ver 10 películas con todos los *brahmacharis* menos contigo". Al decir esto, me di cuenta de mi error. Tanto si me apetecía ver películas como si no, siempre debía obedecer las instrucciones de mi Gurú.

Y Amma vio varias películas espirituales más con los otros residentes del ashram pero, siguiendo sus órdenes, me quedé fuera. Sin embargo, como es habitual, Amma suavizó el castigo con dulzura. Un día, me llamó a su habitación y vimos una película espiritual juntos.

Si pasamos tiempo en presencia de Amma y hacemos todo lo posible para seguir sus enseñanzas y ejemplo, podremos adquirir buenos hábitos, los cuales serán tan difíciles de erradicar como lo eran los viejos y malos hábitos. Una vez avancemos gracias al impulso de los buenos hábitos, resultará difícil volver a los viejos. De esa manera, podremos aprovechar el poder de los hábitos para progresar por el camino espiritual.

Capítulo 12

Actitud y acción

Debemos ser cuidadosos, no sólo con las acciones que realizamos, sino con la actitud con que las realizamos. Sino las hacemos con actitud apropiada, incluso los actos de veneración nos pueden esclavizar más.

En la gran epopeya india *Mahabharata*, aparecen cuatro hermanos llamados Pandavas, que gobiernan el país con mucha rectitud. Un día, Bhima, uno de los hermanos Pandavas, estaba dirigiendo el reparto de comida para los pobres. En ese día, Bhima también había invitado a muchos *rishis* (sabios) de la zona y les pidió que supervisaran la ofrenda de los alimentos previa a la comida. El Señor Krishna también estaba presente. Todos los *rishis* estaban sentados con Krishna cuando llegó Bhima y los invitó a acercarse a comer. Los *rishis* dudaron, pues Krishna estaba allí, pero el Señor dijo: "Adelante; yo también me uniré a vosotros".

Cuando todos se dirigieron al comedor, Bhima empezó a servir la comida y comenzaron a comer. Se había cocinado mucho ese día y había acudido menos gente de la que se esperaba. Estaba claro que iba a sobrar mucha comida.

Bhima siguió sirviendo a los *rishis*, incluso después de que hubieran terminado su ración. Estos dijeron: "No, no. No queremos tanta comida". Sin embargo, Bhima continuó sirviendo y, cuando los *rishis* dijeron que no, empezó a enfadarse y a disgustarse con ellos. Incluso los amenazó.

"¿Qué vamos a hacer con el exceso de comida que hemos preparado?, comed más", insistió Bhima. "De lo contrario, estaréis faltando el respeto al rey", dijo.

Krishna, que había observado a Bhima, lo llamó. Este se acercó con reverencia. Krishna le contó que en el bosque cercano vivía un gran sabio. "Me encontré con él antes de venir aquí", dijo Krishna a Bhima. "Quiere darte algunos consejos. Deberías ir a verlo".

Bhima obedecía en todo a Krishna, porque sabía que, en realidad, era Dios. Así que fue al bosque como se lo había pedido. A lo lejos, vio al *rishi* que irradiaba brillantes rayos dorados por todo su cuerpo. Bhima estaba muy sorprendido. Se preguntó: "¿Quién es? ¿Podría tratarse de otro dios?" Hechizado, Bhima caminó hacia el sabio dorado. A medida que se acercaba, empezó a notar un terrible olor. Aunque no podía soportarlo, siguió avanzando hacia el sabio, pues deseaba presentarle sus respetos. Al acercarse más, se dio cuenta de que, en realidad, el horrible olor emanaba del cuerpo del sabio. Al final, el hedor se hizo tan insoportable que Bhima volvió a su palacio. Se fue directo a Krishna y, con mucha reverencia, le preguntó por qué lo había enviado a ver al sabio fétido.

Krishna le explicó: "Puede que seamos capaces de soportar el olor pútrido de la carne descompuesta, pero el hedor del ego es todavía peor".

Bhima preguntó a Krishna qué quería decir.

El Señor le explicó: "En su anterior nacimiento, este sabio fue un gran rey y ayudó mucho a sus súbditos. Daba de comer a los pobres, cuidaba de los huérfanos y respetaba y reverenciaba a los sabios y santos. Pero cuando daba algo, esperaba que se aceptase fuera lo que fuera. Si no lo aceptaban, les obligaba a hacerlo. Aunque hacía buenas obras, las llevaba a cabo de una manera arrogante y egoísta. Ha vuelto a nacer como *rishi* por sus buenas acciones, pero ha tenido que sufrir el fruto de su arrogancia bajo la forma de ese terrible olor.

De igual manera, si fuerzas a la gente a aceptar tu caridad, incluso cuando no la quieran, tendrás que afrontar las consecuencias".

Así pues, vemos que la actitud es muy importante. Aunque hagamos algo bueno, si no tenemos la actitud correcta, no sólo no obtendremos el resultado deseado, sino que hasta puede perjudicarnos.

Hay otra historia en la epopeya de los *Puranas* que muestra cómo las buenas acciones pueden acarrear malos resultados, si no adoptamos la actitud apropiada. Daksha realizó una gran *yagna* (sacrificio). Daksha era uno de los *prajapati* (progenitores) de la humanidad, lo que implicaba tener que cuidar de la raza humana durante aquella Era. Daksha invitó a todos los dioses a asistir a la *yagna*, excepto al dios Shiva. No le gustaba la apariencia de Shiva. Daksha pensaba que, con su pelo enmarañado, la ceniza por todo el cuerpo, las serpientes rodeándole el cuello, el taparrabos de cuero alrededor de la cintura y el platillo para limosnas, Shiva parecía más un monje vagabundo que un dios. El hecho de que la hija de Daksha, Sati, amase a Shiva y se hubiese casado con él, contribuía a que no le gustase Shiva en absoluto. Y, para colmo de males, Daksha había entrado hacía poco en la asamblea de *devas* (seres celestiales) y de sabios, y todos se habían puesto en pie para mostrarle sus respetos, excepto Shiva, quien en calidad de yerno se suponía que le debía respeto. En venganza, Daksha iba a realizar su gran *yagna* sin invitar a Shiva.

Cuando se enteraron de que Daksha no había invitado a Shiva a la *yagna*, sus ministros y otros seres celestiales le advirtieron de que Shiva era el más grande de todos los dioses. Por ello, Daksha debía mostrarse respetuoso invitándolo a la *yagna*. Además, los ministros recordaron a Daksha que Shiva era el primer y principal

Gurú en el linaje de todos los grandes Maestros. Según la tradición india, no se puede iniciar ninguna tarea ni rito sin invocar primero al Gurú y luego a Ganesha. Pero Daksha se mantuvo inflexible.

La hija de Daksha, Sati, tuvo noticias de la gran *yagna* y pidió permiso a Shiva para asistir. Shiva le respondió: "Te va a tratar mal porque eres mi mujer. Te ridiculizará y te despreciará. Además, no te ha invitado. Es mejor que no vayas".

Sati respondió: "No necesito una invitación. Después de todo es mi padre. Una no necesita invitaciones para ir a casa de su padre. Además, quiero convencerle de que te reconozca como es debido".

Sati asistió a la *yagna* contra la voluntad de Shiva. Se presentó en el palacio de su padre, donde todos los dioses y seres celestiales estaban sentados alrededor de una enorme hoguera encendida para *yagna*.

Como Shiva había vaticinado, cuando Daksha vio a Sati, le mostró muy poco respeto. Empezó a insultar a Shiva diciendo: "Tu marido no es más que un mendigo y un loco. ¿Acaso se dedica a merodear por el cementerio ya que no posee más que un platillo para limosnas? Sólo se merece la compañía de los muertos". Daksha continuó metiéndose con el marido de Sita hasta que, finalmente, ella no aguantó más. Con sus poderes yóguicos, Sati provocó fuego en su interior y se quitó la vida.

Cuando Shiva se enteró de que Sati se había suicidado, montó en cólera. Llamó a su ejército y los envió al lugar de la *yagna*. Mataron a Daksha y destruyeron la *yagna* por completo. Temerosos de la ira de Shiva, el resto de los *devas* huyeron para salvar sus vidas.

Más tarde, Shiva devolvió la vida a Daksha por compasión y sustituyó su cabeza cortada por la de una cabra. Entonces, Daksha se percató de su error y suplicó el perdón de Shiva. A pesar de que había realizado una gran *yagna*, lo cual se consideraba como una de las acciones más virtuosas, todo había terminado en guerra y destrucción porque su actitud no fue la adecuada[3]. Incluso un acto de adoración, carente de humildad y devoción, puede provocar una calamidad.

Tomemos ahora el ejemplo de la guerra *Mahabharata*. La deshonrosa manera de actuar de los Kauravas estaba destruyendo la armonía del país. Después de agotar todas las vías diplomáticas, Krishna aconsejó a Arjuna y a los virtuosos Pandavas que les declarasen la guerra. Siguiendo las instrucciones de Krishna, Arjuna mató a cientos de miles en esa guerra, incluyendo a sus parientes cercanos, con el objetivo de restaurar la virtud y la armonía en el mundo. A pesar de que Arjuna no quería luchar en la guerra, se entregó a Krishna y lo obedeció sin reservas. Así, mientras que el sacrificio de Daksha terminó en guerra, la guerra de Arjuna se convirtió en un sacrificio u ofrenda a Dios, todo ello debido a la actitud de quien realizaba la acción.

Muchos de nosotros veneramos y servimos a Amma pero, no siempre lo hacemos con la actitud correcta. Recuerdo un incidente gracioso. En una ocasión, cuando Amma estaba dando

---

[3] Esta historia está llena de simbolismo. El matrimonio de Sati con Shiva representa, en realidad, la aceptación de un Maestro Espiritual, lo que a menudo no agrada a los padres que tienen expectativas materialistas para sus hijos. El auto sacrificio de Sati también nos enseña que, una vez dedicamos nuestra vida a perseguir un objetivo espiritual, no debemos tener apego a nada. Amma pone el ejemplo de remar una barca mientras ésta sigue atada en la orilla. Así nunca llegaremos al otro lado. Además, no deberíamos desobedecer el consejo de nuestro Gurú (como Sati desobedeció a Shiva asistiendo a la *yagna*) aunque, a veces, no se acomode a nuestros deseos.
Daksha representa el ego, que espera recibir el respeto de todos, incluso de los Maestros Realizados. Cuando esta expectativa no se cumple, aparecen la envidia y la ira. La muerte de Daksha simboliza la destrucción del ego, mientras que la nueva cabeza es un renacimiento espiritual. Una vez que el ego desaparece, deja de haber conflicto y cada palabra que pronunciamos es una oración.

darshan, hacía tanto calor que un devoto pidió permiso a Amma para abanicarla. Amma asintió y el devoto la abanicó durante un rato, hasta que llegó otro devoto y le pidió que también le dejase abanicar a Amma. El primero respondió inflexible: "No, Amma sólo me ha dado permiso a mí para hacer esto; no te voy a dejar". El segundo devoto esperó un rato, pero el otro no cedía. Al final, cogió otro abanico y empezó a abanicar a Amma. El primero quería dar a Amma más aire que el segundo, así que abanicó con más fuerza. Entonces empezaron a competir, y cada uno trataba de superar al otro abanicando a Amma.

Al final, Amma se sintió sofocada y dijo: "Parad, parad. Ya no quiero que nadie me abanique más". En este caso, habían hecho un servicio personal a Amma pero, sin embargo, tuvieron una actitud competitiva y eso molestó a Amma.

Cualquiera que pase un tiempo con Amma recibirá la oportunidad de prestar algún tipo de servicio personal para ella, como entregarle el *prasad* que da a los devotos, o ayudar en la fila del *darshan* (también hay incontables oportunidades de servicio participando en las actividades espirituales y humanitarias del ashram). Amma crea esas ocasiones para permitirnos estar cerca de ella y ayudarnos a ser dignos de recibir su gracia. Somos extremadamente afortunados de tener esas oportunidades pero, la mayor parte del tiempo, a causa de nuestra negatividad, no recibimos el beneficio total que éstas nos deparan.

Amma cuenta una historia al respecto. Había una vez dos discípulos y un Gurú. Los discípulos estaban siempre compitiendo en su servicio al Gurú. Si el Gurú pedía a un discípulo que hiciera algo, el otro sentía celos y empezaba a discutir o insultaba al que había conseguido la oportunidad de servir al Gurú. Éste a menudo les aconsejaba para que se librasen de su sentimiento de rivalidad y celos, pero no hacían caso de sus palabras. Al final, el Gurú tomó una decisión: "Voy a dividir entre los dos cualquier cosa que les pida hacer. Pediré a cada uno de ellos que haga la mitad del trabajo para que no haya competición ni odio entre los dos. Si una vez le pido a uno algo para beber, la próxima se lo pediré al otro".

Un día, al Gurú le dolían las piernas. Decidió llamar a un discípulo para que le diera un masaje. Pero inmediatamente pensó: "Oh, no. Si llamo a uno, el otro se enfadará con él. Es mejor que llame a los dos". Así que el Gurú llamó a ambos discípulos. A uno le pidió que masajeara su pierna izquierda, y al otro la derecha.

Los discípulos estaban felices cada uno masajeando una pierna. Entonces, el Gurú se durmió y, en el sueño, quiso ponerse de lado. Estaba tumbado boca arriba y quería girarse a la derecha, así que, de forma natural, levantó la pierna izquierda y la colocó sobre la derecha. El discípulo que estaba masajeando la pierna derecha levantó la mirada y le dijo al otro discípulo: "Este es mi territorio. La pierna que estás masajeando no debería venir aquí", pues pensaba que el otro discípulo había puesto ahí la pierna del Gurú.

El otro no dijo nada porque sabía que era el Gurú el que había movido la pierna. Siguió masajeando la pierna izquierda a pesar de que invadía el territorio del primero. Entonces éste le espetó: "Te dije que no pusieras la pierna aquí. Este es mi lado. Quítala de aquí". Al decir esto, empujó la pierna izquierda al lado izquierdo. El otro discípulo dijo: "¿Cómo puedes hacer eso? Es la pierna del Gurú", y tras estas palabras, la llevó a la derecha. Siguieron empujando la pierna del Gurú de un lado a otro y, al final, el primer discípulo perdió los estribos. Cogió un palo grande y le dio una buena paliza a la pierna.

¿Quién es el que sufre realmente en esta situación? Los discípulos prestaban un servicio personal al Gurú, pero sus celos y sentido de posesión hicieron sufrir al Maestro. Es lo que también le ocurrió a Amma cuando los devotos compitieron por abanicarla.

El Gurú derrama constantemente su gracia sobre nosotros, pero debemos ser vasijas dignas de su gracia para recibirla. Con la actitud correcta, toda acción nos acerca a Dios. Sin embargo, hasta el acto más virtuoso puede impedir que nos llegue la gracia de Dios, si lo realizamos con una mala actitud.

Por ejemplo, las Escrituras dicen que no hay nada malo en decir una mentira, si lo que nos mueve a hacerlo es no herir los sentimientos de los demás. Durante la gira de 2004 por el sur de la India, Amma visitó Rameshwaram, en el extremo más meridional de Tamil Nadu. Un grupo de jóvenes fueron a recibir el *darshan* juntos. El líder del grupo dijo en alto: "¡Amma! ¿Te acuerdas de mí?" Antes de que Amma pudiera responder, siguió diciendo: "Amma, fui compañero tuyo de clase en octavo". Todos los que estábamos cerca de Amma sabíamos que mentía. Se volvió a sus amigos y añadió: "Amma y yo fuimos compañeros de clase en el instituto". Esperábamos que Amma le corrigiera pero, en vez de eso, confirmó sus palabras diciendo: "¡Sí, sí!" y lo abrazó con mucho amor.

Después quisimos preguntar a Amma sobre su extraña respuesta, pero no tuvimos oportunidad de hacerlo por la gran multitud presente. Posteriormente, Amma nos explicó: "Amma nunca fue al instituto de ese chico. Amma sólo estudió en la escuela de Kuzhitura (un pueblo cerca del ashram) y sólo llegó hasta cuarto curso[4]. Con todo, Amma no quiso decirle al muchacho que estaba equivocado. Probablemente, quería mostrar a sus amigos que conocía a Amma desde la infancia. Si Amma le hubiera amonestado delante de sus amigos, le habría herido profundamente. En lugar de marcharse con el corazón dolorido, Amma quiso que se llevase buenos recuerdos de su *darshan*".

---

[4] Amma abandonó la escuela a los nueve años para atender las necesidades de su familia ya que su madre había enfermado.

Como siempre, la acción de Amma estaba en perfecto acuerdo con las Escrituras. Hay un dicho en los Vedas: "*Satyam bruyat, priyam bruyat, na bruyat satyamapriyam*", que significa: "Di la verdad; di sólo palabras agradables; no digas palabras duras aunque sean verdad".

Por lo tanto, no se puede decir que siempre esté bien decir la verdad y que decir una mentira esté siempre mal. Si nuestra intención es herir a alguien diciéndole la verdad, entonces está mal. Si nuestra intención es proteger a alguien diciendo una mentira, entonces, está bien.

Tanto si creamos un *praraddha* bueno como uno malo, tanto si un acto ayuda o dificulta nuestros esfuerzos para ser dignos de recibir la gracia de Dios, todo depende de nuestra actitud o intención.

Capítulo 13

Egoísmo y altruismo

Una actitud desinteresada siempre nos acerca a Amma. Todos los martes, en Amritapuri, los residentes del ashram meditan durante la mañana en el templo. Amma los acompaña en la meditación y sirve la comida. Es normal que haya mucha gente; Amma sirve más de 2.000 platos. En una ocasión, un devoto, al recibir el *prasad* de Amma, se le cayó el plato sin querer, a los pies de Amma. El plato se volcó y el arroz con curry cayó al suelo.

Como todavía quedaban varias personas por recibir la comida de manos de Amma, empecé a limpiar el suelo para que nadie lo pisara. Estaba recogiendo la comida con las manos, cuando empecé a pensar que si me las ensuciaba, tendría que ir a lavármelas antes de comer el *prasad* de Amma y, que si salía para lavarme las manos, Amma pediría a otra persona que se sentase en mi sitio y yo lo perdería. Con estos pensamientos en la mente, dejé de limpiar el suelo.

Mientras tanto, otro *brahmachari* se arrodilló y recogió la comida también con las manos. Después de dejarlo todo limpio, y aunque tenía las manos sucias, no salió para lavárselas. Permaneció al lado de Amma y observó cómo seguía sirviendo el *prasad*. Cuando le llegó el turno de recibir el suyo, tomó el plato y se dispuso a salir. Amma lo llamó y le pidió que se sentase a su lado. Entonces, Amma dijo a todos que comiéramos. Cuando este *brahmachari* iba a empezar, Amma vio su mano y dijo: "Hijo mío, tienes las manos sucias". Cogió una jarra de agua y se las

107

lavó. Amma también le dio algo de comida en la boca con sus propias manos.

Al ver esto, comprendí que había cometido un error. Sólo había pensado en mí mismo, mientras que el otro *brahmachari* pensó únicamente en servir a Amma y a los devotos, limpiando el suelo. A pesar de que yo empecé el servicio recogiendo la comida, mi egoísmo fue mayor que mi actitud de servicio. Me había motivado mi deseo de estar al lado de Amma, mientras que el otro *brahmachari* pudo llegar más cerca de ella al no pensar sólo en él. Cuando me di cuenta de esto, Amma me miró y me sonrió con picardía.

Nosotros tenemos muchas oportunidades de recibir la gracia de Amma. Pero, desgraciadamente, la mayoría de las veces, las desperdiciamos debido a nuestro egoísmo y a nuestro ego.

En una ocasión, un hombre se cayó en una profunda zanja y no podía salir. Después de mucho tiempo, un transeúnte oyó sus gemidos y se asomó a la zanja. El hombre que estaba dentro gritó: "¡Socorro! ¡Me he caído en esta zanja y no puedo salir!"

El transeúnte se limitó a encogerse de hombros: "Es tu *prarabdha*, debes afrontar las consecuencias de tus actos pasados", le dijo. Y continuó su camino.

Después de otro buen rato, apareció una persona. "¿Qué le ha pasado?" preguntó.

"Iba paseando y me caí en la zanja", gimió el hombre.

"¿Es que no vio la señal de peligro que hay aquí, a un lado de la carretera? ¡Debería tener más cuidado en el futuro!" le dijo, y siguió caminando. Un poco más tarde, una tercera persona pasó junto a la zanja y, al oír los gemidos, se asomó al borde. Esta persona ni siquiera preguntó qué había ocurrido. Se metió en la zanja, puso al hombre sobre su espalda y lo sacó de allí.

Estos tres transeúntes ilustran las tres formas con las que solemos responder al sufrimiento de los demás. Cuando vemos sufrir a alguien, podemos decir, simplemente, que es su *prarabdha* y dejar que se las arregle solo. También podemos aconsejarle y señalarle los errores. Por último, podemos aceptar su sufrimiento como nuestro, haciendo lo que sea para ayudarle. La mayoría de nosotros respondemos de las dos primeras formas. La tercera es la de Amma. Aspiremos a conseguir que nuestro corazón rebose compasión para sentir el sufrimiento de los demás como propio. Esta actitud nos beneficiará espiritualmente y puede llegar a transformar la sociedad y el mundo.

Amma dice: "Quien ama a Dios también tiene compasión por los que sufren. La devoción y el servicio desinteresado no son dos aspectos diferentes, sino uno; son las dos caras de una misma moneda".

En cierta ocasión, llevé el autobús del ashram (en aquel entonces sólo había uno) a un taller. Debían repararlo antes de salir de gira por Kerala. Confiaba en que tardarían unas horas, pero la reparación duró más de un día y tuve que quedarme a pasar la noche. Me eché en el autobús, pero no pude dormir, ya que siguieron reparándolo por la noche. Por fin, al día siguiente por la tarde, volví al ashram. Cuando llegué, vi que Amma y los *brahmacharis* ya habían cruzado la laguna y esperaban al autobús, pues habíamos previsto salir aquella tarde.

Como estaba sin comer, dormir y sin darme un baño desde que salí del ashram el día anterior, debía parecer rendido y agotado. Amma se me acercó y me preguntó el motivo del retraso. Le expliqué lo ocurrido y fui a poner el autobús en marcha para salir cuanto antes. Amma me volvió a llamar y, cuando se disponía a abrazarme, le dije: "Amma, por favor, no me toques. No me he bañado y huelo a sudor". Amma no prestó atención a mi ruego. Me envolvió en sus brazos y me dijo: "El sudor del servicio desinteresado es perfume para mí". Entonces le pidió a otro *brahmachari* que condujera el autobús y me hizo sentarme a su lado hasta que paramos para cenar.

Amma no desea nada a cambio de la amabilidad y amor que nos ofrece, pero sería feliz si pusiéramos todo lo que estuviera a nuestro alcance para ayudar a los demás. Podemos conseguirlo trabajando desinteresadamente para aliviar el sufrimiento de los pobres y necesitados. Hoy en día, lo que el mundo necesita son personas sinceras y desinteresadas. De otro modo, sólo habrá más sufrimiento y problemas. En este contexto, recuerdo una frase del anterior primer ministro de la India, Atal Behari Vajpayee, en la inauguración del hospital especializado de Amma (AIMS). Dijo: "Hoy, el mundo necesita una prueba de que los valores humanos son útiles; que cualidades como la compasión, el altruismo, la entrega y la humildad tienen el poder de crear una sociedad grande y próspera. El trabajo de Amma nos proporciona la tan necesitada prueba".

Amma no espera que hagamos algo que no podamos hacer. No espera que un pez levante una pesada carga como lo hace una mula. Tampoco espera que la mula nade en el mar. Amma sólo espera que vivamos como seres humanos compasivos y bondadosos.

Capítulo 14

Satsang: el primer paso en la vida espiritual

El primer paso en la vida espiritual es el satsang. Sat significa Verdad Suprema. Sang quiere decir asociación. Por tanto, en el sentido auténtico de la palabra, satsang significa asociarse con la Verdad o estar en comunión con la Verdad. Sin embargo, como la mayoría de nosotros no somos capaces de hacerlo, la mejor forma de satsang es estar en contacto con alguien que reside en la Verdad. Si no nos es posible estar en compañía de un Maestro Realizado, deberíamos, al menos, intentar relacionarnos con personas que se preocupan por la espiritualidad. En su presencia, pensaremos en Dios y recordaremos el objetivo de la vida humana. Por eso, Amma pide a sus devotos que se reúnan con regularidad para alabar a Dios, cantar, meditar, rezar, leer libros espirituales y hablar de temas espirituales. Eso también es satsang.

Cada vez que participamos en algún tipo de *satsang* con sinceridad y concentración, creamos vibraciones positivas en nuestro interior. Hay muchas atracciones y distracciones en el mundo. Cuando nos dejamos llevar por los muchos pasatiempos actuales, hacemos que nuestra mente se agite de manera innecesaria, nos alteramos y estamos en tensión. El *satsang* nos ayuda a mantener la mente por encima de todas esas atracciones y distracciones, y nos permite permanecer relativamente en paz y tranquilidad.

Hay una historia popular sobre el pintor Leonardo da Vinci. La historia cuenta que, cuando Leonardo da Vinci decidió pintar su cuadro más famoso, La Última Cena, envió a sus colaboradores por todas partes con la esperanza de encontrar una persona cuyo rostro representara a Jesús, puesto que quería pintar a Jesús en primer lugar.

Los colaboradores de Leonardo da Vinci le trajeron el hombre perfecto, un joven guapo, honrado y de muy buenos modales. Da Vinci utilizó al joven como modelo para Jesús y quedó muy satisfecho con el resultado. Después retrató a cada uno de los discípulos, a partir de otros once modelos que trajeron para él. Transcurridos varios años desde que comenzara el cuadro, le quedaba por pintar únicamente un discípulo: Judas, el discípulo que traicionó a Jesús por treinta monedas de plata.

De nuevo, el gran artista envió a un grupo en su búsqueda. Esta vez, les encomendó buscar a un hombre de aspecto cruel y conducta malvada, acorde para el retrato de Judas. Finalmente trajeron a un hombre cuyo aspecto daba testimonio de años de rabia, odio y egoísmo. Leonardo da Vinci se sintió satisfecho y comenzó a pintar al último discípulo. Fue entonces cuando, el hombre elegido como modelo de Judas, empezó a llorar desconsolado. Da Vinci dejó de pintar y le preguntó por qué lloraba.

El hombre miró al pintor y dijo: "¿No me reconoce?"

Da Vinci se acercó más para mirarlo, pero no recordó la cara del hombre. "Creo que no le he visto antes", le dijo disculpándose.

"Mire el cuadro", rogó el hombre al artista. "Soy el mismo que usted eligió, hace unos años, para retratar a Jesús".

Da Vinci miró de cerca y comprobó que era cierto. Los años pasados en malas compañías y actuando con egoísmo y crueldad, habían hecho que el mismo hombre, que tan bien representó a Jesús, se pareciese a la perfección a aquel que le traicionó.

Según las compañías que frecuentemos o con quién nos relacionemos, adquiriremos, de forma natural, las cualidades correspondientes. Por eso Amma hace tanto énfasis en la importancia del *satsang.* Amma pone el siguiente ejemplo: En la India, hay algunos templos en los que los loros cantan nombres divinos como "Ram, Ram, Ram, Ram", o "Hare, Hare, Hare, Hare", o un mantra como "Om Namah Shivaya". Un loro que viva cerca de un templo es capaz de recitar esos nombres y mantras divinos porque oye a los devotos hacer lo mismo mientras visitan el templo. En cambio, si resulta que el loro vive cerca de una taberna donde la gente bebe y emplea palabras vulgares, el loro sólo aprenderá eso.

Las personas tenemos diferentes grados de inclinación espiritual. Cuando alguien tiene un mínimo interés por la espiritualidad y participa en cualquier forma de *satsang*, esa pequeña chispa de interés puede prender.

Amma dice que los malos hábitos son como un fuego incontrolado, se extienden con mucha rapidez. En cambio, a los buenos hábitos les cuesta mucho tiempo dejar huella. Si somos complacientes con algo tres o cuatro veces, eso nos esclavizará por completo. Por ejemplo, si durante cuatro días seguidos bebemos café, al quinto nos dolerá la cabeza si no lo tomamos. Sin embargo, cuando se trata de buenos hábitos, como mantener un horario regular en la práctica espiritual o utilizar palabras amables, no somos serios a la hora de ponerlo en práctica, aunque nos repitan cien veces lo importante que es. Y si no lo hacemos, ¡seguro que no nos duele la cabeza!

Nuestros deseos y apegos siempre dirigirán nuestra mente hacia las cosas terrenales. Por eso, la mente necesita algo que la eleve. Amma suele poner el siguiente ejemplo: cuando los científicos lanzan un satélite al espacio, un primer cohete propulsor lleva al satélite hasta una órbita alrededor de la tierra. Pero para superar la fuerza de la gravedad, hace falta un segundo cohete de refuerzo. De la misma manera, nuestra mente está atrapada en la órbita del ego. Si queremos liberarnos, también necesitamos un cohete secundario, un Maestro Espiritual que nos aleje de la atrayente fuerza del ego y nos conduzca directo a Dios. Cuando eliminemos todos los obstáculos de nuestro camino, seremos capaces de trascender cualquier limitación y alcanzar la verdadera libertad.

A muchos de nosotros no nos interesaba la espiritualidad antes de conocer a Amma. Después de verla, nos sentimos atraídos por la práctica y la vida espiritual. Sin embargo, si nos sobreviniera una desgracia, nuestro interés podría caer en picado tan de repente como apareció. Es posible que también nos olvidemos de la espiritualidad cuando todo va de maravilla, pensando que ya no necesitamos la ayuda de Dios. En esos momentos es cuando tenemos que recordar que si nos va tan bien es por la gracia de Dios. Por tanto, necesitamos *satsang* para propiciar nuestro interés inicial por la espiritualidad y mantenerlo a largo plazo.

Amma pone el siguiente ejemplo: Si arrojamos un trozo de hierro al agua, se hundirá. Pero si colocamos el mismo trozo sobre un material que flote, como una tabla de madera, el hierro también flotará. De igual manera, el *satsang* puede contribuir a evitar que nuestra mente se sumerja por completo en las atracciones y distracciones del mundo (es posible que nos mojemos, pero no nos ahogaremos). Si tenemos un *Satgurú*, será mucho más sencillo porque, gracias a su ejemplo y a su amor y compasión incondicional, seremos capaces de superar muchos de nuestros apegos y deseos egoístas. Los que estamos con Amma podemos comprenderlo desde nuestra experiencia personal. Hay incontables ejemplos de personas que han renunciado a su atracción por los objetos materiales después de conocer a Amma. En lugar de perseguir reconocimientos y bienes terrenales, ahora dedican su tiempo a realizar práctica espiritual y a servir a los demás.

El gran Maestro Adi Shankaracharya dijo:

satsangatve nissangatvam
nissangatve nirmohatvam

nirmohatve niscala tatvam
niscalatatve jīvan muktiḥ

Mediante el satsang, podremos superar nuestros apegos.
Superando nuestros apegos, superamos la ilusión de que
los objetos materiales nos pueden proporcionar felicidad
duradera.
Al superar esta ilusión, la mente se detiene y se calma.
Esta quietud de la mente nos libera de la esclavitud
mientras vivimos en este cuerpo.

Durante el *satsang*, además de orar y meditar, se tratan temas
y principios espirituales. Esto nos ayuda a comprender la naturaleza del mundo y sus objetos. Empezamos a analizar el mundo
racionalmente; nos damos cuenta de que tenemos apego a muchas
personas y cosas, y que nos duele cuando se produce un cambio
en ellas o nos abandonan. Cuando comenzamos a comprender
que Dios es eterno y que todo lo demás desaparecerá algún día,
adoptamos una actitud de desapego hacia todo, excepto hacia
Dios o el *Atman*.

Gracias al desapego, superamos la ilusión. En este punto, la
ilusión se refiere a la idea errónea de que "no puedo ser feliz si no
consigo un cierto objeto o persona, o si no tengo éxito". Si nos desapegamos de esas cosas, dejaremos de perseguirlas y, de ese modo,
superaremos la ilusión. Por ejemplo: un fumador empedernido
va a ver a Amma por primera vez. Recibe el *darshan* y se sienta
cerca de ella durante un buen rato. Cuando se va, se da cuenta
de que han pasado tres horas. En ese tiempo se habría fumado,
por lo menos, seis cigarros, y se habría puesto muy nervioso si no
hubiera tenido la oportunidad de fumar. Sin embargo, no se le ha
ocurrido fumar ni un solo cigarro mientras estuvo sentado cerca
de Amma y, lo cierto es que estaba mucho más contento de lo
habitual. Así se da cuenta de que es falsa su idea de que necesita
fumar para ser feliz. Gracias al *satsang* con Amma, ha sido capaz

de desapegarse del tabaco, y esto le ayuda a superar la falsa idea de que necesita fumar para ser feliz.

Antes de venir al ashram, la ambición de uno de los *brahmacharis* era llegar a ser una estrella de cine. Sentía que si no se convertía en un actor famoso, habría desperdiciado su vida. En realidad, vino a pedir a Amma su bendición para alcanzar este objetivo. Cuando conoció a Amma, se sintió abrumado por su amor y se quedó en el ashram unos días. Al volver a casa, se dio cuenta de que el deseo de estar cerca de Amma era tan fuerte que regresó al ashram y nunca más volvió a su casa. Su deseo de ser una estrella de cine desapareció totalmente. Su amor por Amma lo liberó de su apego al mundo y superó su concepción errónea de la felicidad y la satisfacción.

Al desaparecer esta ilusión, nuestra mente alcanza una quietud y paz relativas. Cuando estamos inmersos en la ilusión, pensamos que un objeto nos puede dar la felicidad y luchamos por conseguirlo. Tanto si lo logramos como si no, el conflicto alterará nuestra mente. Cuando nos liberamos de esta ilusión, nuestra mente descansa; se serena y tranquiliza.

Con una mente así, en paz y sosiego, podemos lograr la concentración en un punto durante nuestras prácticas espirituales, lo que nos conducirá, finalmente, al estado de *jivanmukti* (la liberación mientras se vive en el cuerpo).

En ese estado, nada nos afecta. Sin depender de una persona u objeto externo, nos sentimos totalmente felices y contentos: hemos alcanzado el éxito Supremo.

Amma nos pone otro ejemplo sobre un loro. Imaginemos que entrenamos a un loro para que recite mantras. Lo hará; pero, ¿qué sucederá si dejamos que salga de la jaula y lo atrapa un gato? ¡El loro no recitará los mantras en ese momento! En vez de eso, se pondrá a gritar a su manera. Sucede así porque los mantras no han penetrado en lo profundo de su corazón. De la misma forma, debemos aceptar el *satsang* con un corazón abierto para que produzca el beneficio deseado. Amma siempre dice que, así como una persona que visita una fábrica de perfumes sale oliendo a perfume aunque no se ponga ninguno, después de estar con un Mahatma, todos obtienen algún beneficio. Y si somos receptivos y estamos libres de ideas preconcebidas, nos beneficiaremos todavía mucho más. Las semillas de la gracia no pueden germinar en las rocas del ego pero, en el terreno fértil de un corazón infantil, crecerán y producirán una abundante cosecha.

Como buscadores espirituales, intentad participar en algún tipo de *satsang* tan a menudo como os sea posible.

Capítulo 15

Peregrinación o picnic

En la India, mucha gente emprende una peregrinación en un momento u otro de su vida. De alguna manera, hacer una peregrinación también se considera satsang, pues peregrinar a un lugar sagrado nos ayuda a mantener la mente centrada en el objetivo espiritual.

En realidad, peregrinar es muy sencillo, significa viajar a un templo o lugar sagrado y regresar. Hoy en día, sin embargo, los peregrinos encuentran muchas distracciones en el trayecto. Pasan delante de buenos restaurantes, bonitos hoteles, cines, centros comerciales, y hasta de circos o espectáculos ambulantes. Si los peregrinos no están muy atentos, esas cosas los distraerán y es posible que lleguen a olvidarse del verdadero propósito de su viaje, y todo acabe siendo un picnic de vacaciones en vez de una peregrinación.

En una ocasión, un devoto de Amma me contó una historia. Tenía un amigo que había peregrinado a un conocido templo de Shiva en el norte de la India. Cuando volvió fue a visitarlo y, nada más entrar en su casa, observó una foto a tamaño real de su amigo montado sobre un camello. El devoto de Amma le preguntó: "¿Qué es esto? ¿Cuándo has montado tú en camello?"

"Cuando visité el templo de Shiva", respondió.

El devoto le preguntó: "¿Tenías que hacer una peregrinación para montar en camello?, ¿no podías haberlo hecho aquí al lado?"

Su objetivo era ir a presentar sus respetos al dios Shiva y volver. Pero en lugar de comprar un cuadro de Shiva, trajo una gran fotografía de él mismo montado en un camello. ¿Os dais cuenta de qué manera se distrae la mente? Los empresarios conocen la naturaleza de la mente y saben que, incluso las personas que realizan una peregrinación, no están del todo centradas en Dios. Por eso, hay gente que hace dinero de muchas maneras en los centros de peregrinación y lugares de culto más sagrados de la India. Organizan paseos a lomos de elefante, caballo o camello, o bien montan restaurantes elegantes, hoteles de cinco estrellas, pizzerías y hasta video clubs.

De un modo natural, nos sentiremos atraídos por todas esas ofertas turísticas y pensaremos: "¡Oh!, nunca me he montado en un camello, así que voy a aprovechar esta oportunidad". Aunque vayamos de peregrinación, no somos capaces de concentrarnos en el objetivo del viaje.

Hace muchos años, para complacer los deseos de algunos *brahmacharis*, Amma nos llevó de peregrinación a Tiruvanna-malai, un lugar sagrado en Tamil Nadu, donde se encuentra el ashram de Sri Ramana Maharshi y la montaña sagrada de Arunachala. Permanecimos allí dos días. El primero, como era habitual, nos despertamos antes del amanecer y realizamos las oraciones y meditación de la mañana. Amma nos llevó a visitar el templo y a la cima de la montaña. Cuando regresamos a la casa, ella se retiró a su habitación y nos dejó a nuestro aire, pues estábamos cansados después de la ascensión a la montaña. Tras una buena comida, pasamos la tarde charlando y descansando sin hacer ninguna práctica espiritual. A la noche, después de los *bhajans* de la tarde, Amma preguntó cómo habíamos empleado el tiempo ese día. Como no habíamos hecho nada que mereciera la pena, no pudimos darle una respuesta satisfactoria. Después de oír nuestra contestación, Amma se fue a su cuarto sin decir nada más.

A la mañana siguiente, nos levantamos a la hora habitual. Normalmente, lo primero que hacemos es bañarnos pues, según la tradición, hay que darse un baño antes de comenzar la oración de la mañana. Sin embargo, ese día, la mayoría no teníamos muchas ganas. Aunque la temperatura exterior no era muy baja, nos convencimos diciendo que hacía demasiado frío para bañarse.

Justo entonces, oímos cómo alguien gritaba que Amma había salido. Miramos fuera y vimos a Amma caminando hacia el monte Arunachala junto a Swami Paramatmananda. Él se giró y nos dijo que Amma iba a rodear la montaña. Cuando nos enteramos de que Amma ya se había puesto en marcha, nos dimos rápidamente una ducha fría y salimos corriendo tras ella, a pesar de la pereza que habíamos sentido un poco antes.

En el recorrido alrededor de la montaña, Amma se detenía ante cada sepulcro y cueva, y nos pedía recitar el "Om" tres veces. En algunos lugares, también nos decía que nos sentáramos a meditar. Normalmente, cuesta una hora y media rodear la montaña pero, a nosotros nos costó seis horas. Pasamos el resto del día meditando y cantando *bhajans*. Más tarde, Amma nos dijo que si ella no hubiera salido esa mañana, habríamos malgastado también el segundo día de peregrinación. Con su ejemplo, Amma nos enseñó la manera correcta de comportarnos en una peregrinación.

Incluso en prácticas tan aparentemente sencillas como peregrinar, debemos ser cuidadosos y estar atentos. Un pequeño descuido sirve para dar al traste con el buen propósito. ¿Qué decir, entonces, de prácticas más sutiles como la meditación? Tenemos que mantenernos en alerta constante. Para un buscador espiritual, lo mejor es alejarse de las distracciones siempre que le sea posible.

En Kerala, hay un templo muy famoso llamado Sabarimala, situado en medio de un gran bosque. En el bosque, habitan muchos animales salvajes como tigres, elefantes y osos. Hasta hace unos 30 años, era una caminata muy peligrosa. Ahora, existe una carretera que atraviesa el bosque, y el viaje es mucho menos peligroso. El templo está dedicado al dios Ayyappa. Es parte de la tradición de este templo que los devotos que pretendan peregrinar a Sabarimala observen unos votos estrictos. Durante los 41 días anteriores al inicio del viaje, deben observar celibato, así como abstenerse de fumar, beber y comer carne. Al principio, los peregrinos iban caminando, cocinaban su propia comida e, incluso, dormían al borde del camino. Estaban a merced de la naturaleza: si llovía, se empapaban hasta los huesos; si hacía calor, se abrasaban bajo el sol. También solían llevar sobre su cabeza un fardo de cocos, ghee y arroz, que ofrecían a Dios mientras rezaban en el templo. Si no llevaban ese fardo o *irumudi*, no se les permitía entrar en el templo. Todas esas *tapas* (austeridades) constituían la forma de expresar su devoción por Dios. Cuando volvían a sus hogares, su energía espiritual había aumentado, pues habían renunciado a todas las comodidades y habían seguido una estricta disciplina.

En la actualidad, la mayoría de los peregrinos no sigue todas esas normas a rajatabla. Muchos ya no observan los 41 días de votos. En lugar de peregrinar a pie, la mayoría va en autobús. Si no se tiene el *irumudi*, no se pueden subir los 18 escalones sagrados hasta la entrada principal del templo, pero se puede acceder por las entradas laterales o trasera. Hoy en día, mucha gente prefiere seguir esos atajos. Sin embargo, al hacerlo, se pierde una gran parte del propósito de la peregrinación. Es muy importante llegar al destino, pero también lo es el esfuerzo que dedicamos y las normas que seguimos por el camino. Todo ello nos da fuerza espiritual y nos ayuda a obtener la gracia de Dios. Sencillamente, no podemos ir a Sabarimala en coche, entrar por la puerta trasera y esperar recibir el mismo beneficio que los que han emprendido la peregrinación con sinceridad.

Amma nos cuenta el siguiente chiste: Había una vez un chico que, al volver un día de la escuela, se mostraba muy sonriente. Su padre le preguntó: "¿Qué te ha pasado hoy en la escuela? ¿Por qué estás tan contento?" El chico le contestó: "Hoy había un campeonato de atletismo en la escuela y he hecho la carrera de los 400 metros en 20 segundos".

"¿Qué dices? ¡Pero si el récord mundial es dos veces superior a esa marca! ¿Cómo has podido correr 400 metros en sólo 20 segundos?"

"Cogí un atajo", dijo el muchacho.

Si el chico tomó un atajo, ¿cómo se le va a llamar la carrera de los 400 metros? De la misma manera, si nosotros no observamos las normas necesarias, se pierde el espíritu de la peregrinación. El objetivo de una peregrinación es obtener la gracia de Dios pero, incluso para eso, queremos coger un atajo. Lo cierto es que no hay atajos para recibir la gracia divina.

Una vez, un devoto tuvo una visión de Dios. Al verlo, le agradeció su aparición y cantó en alabanza. Dios permaneció ante el devoto mucho tiempo y éste pudo aclarar todas sus dudas y cuestiones de fe. Como Dios no se iba, al devoto se le ocurrió preguntarle algo sobre su reino. Le dijo: "¡Oh, Señor! ¿Cómo es el tiempo en el cielo?"

Dios sonrió y contestó: "Un millón de años en la Tierra equivale a un minuto en el cielo".

El devoto se quedó atónito y se atrevió a hacer otra pregunta: "¡Oh, Señor! ¿Qué valor tiene el dinero en el cielo?"

"Un euro en mi reino equivale a un millón de euros en la Tierra", le dijo Dios al devoto.

Este no podía creer lo que oía. Aún tenía otra pregunta para Dios: "¡Oh, Señor misericordioso!, si es así, ¿me podrías dar un euro celestial?"

"Sí, cómo no", le respondió Dios. "Espera un minuto".

Amma siempre dice que la gracia de Dios sólo se puede obtener esforzándonos sinceramente. Para muchas personas, llegar hasta el ashram de Amma implica un largo viaje de aviones, trenes y coches, y puede que la vida en el ashram no sea tan cómoda como la que están acostumbrados a tener en su casa.

Hoy en día, se pueden encontrar todas las necesidades básicas en el ashram y hasta se puede consultar el correo electrónico. En los primeros días del ashram, la situación era bien distinta. A menudo, no había electricidad ni agua corriente, así que traíamos el agua de la fuente del pueblo. Pero, a veces, la fuente también se quedaba sin agua durante varios días y teníamos que ir al pueblo que hay al otro lado de la laguna para conseguir agua potable. Al principio, no teníamos ni dónde dormir. Como las hermanas de Amma vivían en la casa familiar, los padres no querían que los *brahmacharis* entraran en la casa por la noche. Solíamos dormir fuera, en la arena. Si llovía de noche, íbamos a sentarnos al templo. Viendo nuestra dura situación, Amma también se negaba a dormir dentro de la casa. Muchas noches, ni dormía. Otras, dormía fuera, tumbada delante de la casa y a cierta distancia de los *brahmacharis*.

Más adelante, cuando Swami Paramatnanda (entonces Brahmachari. Nealu) vino a vivir al ashram, trajo dinero suficiente para construir una pequeña cabaña. Dentro, había una cocina, una despensa y el espacio necesario para que durmiéramos allí cuatro o cinco de nosotros. Aunque ya teníamos una cocina, la mayoría de las veces no había bastante verdura para hacer la comida. A veces, los devotos de Amma nos traían algo pero, si venían más devotos, Amma utilizaba aquella comida para darles de comer a ellos. Amma siempre insistía en que los devotos recibieran algo de comida cuando vinieran al ashram, aunque eso significase que ella y los *brahmacharis* se quedasen sin comer. En ocasiones como esas, Amma solía ir a las casas vecinas y recibía *bhiksha* (ofrendas de comida) para nosotros.

A pesar de que, desde cualquier punto de vista, era una vida dura, nunca sentimos que fuera un sufrimiento. Estábamos tan centrados en Amma, que no echábamos de menos ninguna de las comodidades habituales del mundo, ni las necesidades básicas de comida, agua y un techo sobre nuestras cabezas.

Más adelante, aunque dispusiéramos de recursos económicos, Amma sólo aceptaba disponer de las comodidades mínimas en el ashram. Ella quería inculcar a todo aquel que viniera al ashram un espíritu de renuncia. Amma dijo: "Cuando la gente viene al ashram, deben renunciar, al menos, a alguna de sus comodidades. De este modo, obtendrán un beneficio espiritual". Amma insiste mucho en que cuando alguien viene al ashram, después de invertir tanto tiempo, dinero y energía, debe lograr fuerza espiritual o algún beneficio espiritual que llevarse a casa.

Por eso, incluso hoy en día, cuando personas de todo el mundo vienen al ashram, no se considera que éste sea un centro turístico. Hay que hacer algún tipo de sacrificio para quedarse allí.

Por tanto, para los hijos de Amma, venir a Amritapuri puede ser una excelente peregrinación. Pero si vamos, debemos tratar de completar la peregrinación con el espíritu apropiado. Si tenemos que pasar alguna incomodidad o hacer algún pequeño sacrificio, tomémoslo como una forma de adquirir fuerza espiritual y llegar a ser dignos de recibir la gracia divina de Amma.

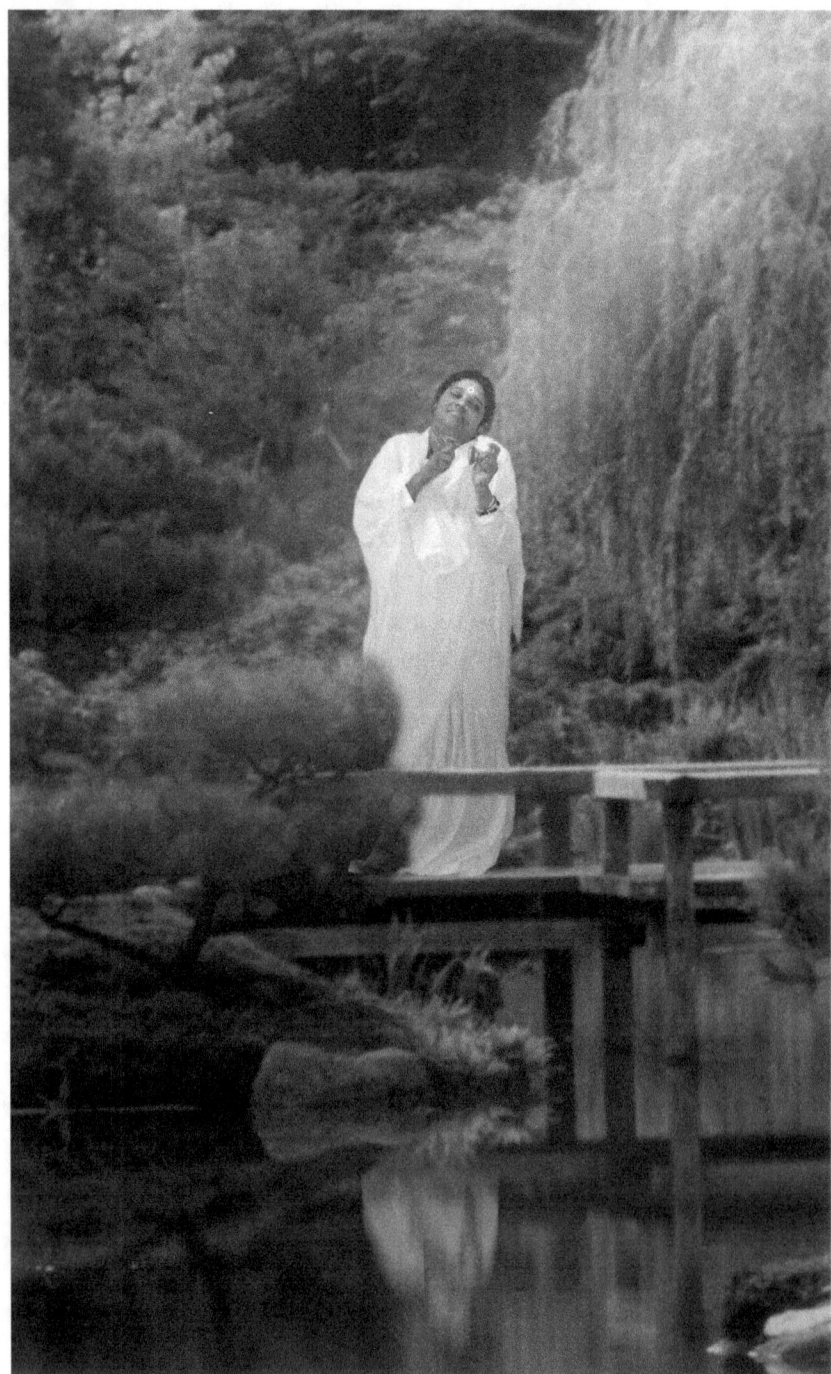

Capítulo 16

El poder único del discernimiento

Los seres humanos tienen ciertas cosas en común con los de más seres vivos: comer, dormir, procrear y la necesidad de seguridad. Pero los seres humanos poseen una cualidad que los separa del resto de seres. Esta cualidad no es la inteligencia, pues todos los animales son inteligentes, hasta cierto punto. Lo que hace que los seres humanos sean únicos es el poder del discernimiento 5. Para una persona normal, discernir significa distinguir entre lo correcto y lo incorrecto, entre lo que es beneficioso y lo perjudicial. Para un buscador espiritual, significa eso y mucho más. Un buscador espiritual debe ser capaz de utilizar su discernimiento para distinguir entre lo permanente, Dios o la Verdad, y lo pasajero o temporal.

La propia inteligencia que ha ayudado a los seres humanos a prosperar también ha acarreado mucha desgracia y sufrimiento.

Sucede así porque no empleamos nuestro poder de discernimiento de manera adecuada. La inteligencia sin discernimiento puede conducir a la destrucción. Cuando los humanos cometen violaciones, asesinatos, actos de opresión o atentados terroristas,

---

5 El origen latino de las palabras "discernir" y "discriminar" está en las palabras discriminare ("dividir") y discernere ("separar"). En inglés se utiliza la palabra "discrimination" para referirse a los dos términos. Esta palabra tiene connotaciones negativas en Occidente al vincularse con algún tipo de prejuicio. Según el Vedanta, discernimiento es la capacidad de separar el Ser inmutable y eterno, del mundo cambiante y perecedero.

o cuando crean las circunstancias que llevan a los demás a la pobreza y al hambre, es porque no usan su discernimiento. Si la gente empleara las mismas facultades del cuerpo, mente e intelecto para servir a los demás, para enjugar sus lágrimas y aliviar su sufrimiento, el mundo se transformaría en el cielo. Para eso, necesitamos el discernimiento.

Cuando empleemos el discernimiento junto con la inteligencia, utilizamos nuestras capacidades humanas para promover la armonía y la buena voluntad entre todos. Esto implica realizar acciones amorosas, compasivas y desinteresadas, que no sólo ayudan al mundo sino también a las personas que las llevan a cabo. Cuando empleamos el discernimiento para hacer buenas acciones, nuestra mente se purifica y expande.

Amma dice que, a pesar de que los seres humanos han conseguido tanto poder, hay muchas cosas que no controlamos. Por ejemplo, no podemos decidir dónde nacer, ni quiénes serán nuestros padres, ni qué dones o aptitudes tendremos. Si pudiésemos adoptar esas decisiones, el mundo sería un lugar muy diferente. Como no tenemos ni voz ni voto en estas cuestiones, cada uno nacemos con dones y aptitudes diferentes, pero también con debilidades y defectos. Bajo estas circunstancias, si queremos triunfar en la vida, debemos centrarnos en nuestros puntos fuertes, a la vez que reconocemos nuestros puntos débiles. Por desgracia, mucha gente hace todo lo contrario.

En vez de concentrarse en sus aptitudes y dones, lo hace en sus puntos débiles. De esa manera, mucha gente abandona el mundo con maravillosos tesoros escondidos en su interior. Los psicólogos dicen que los seres humanos emplean sólo entre el 10 y el 20 por ciento de su potencial. Se dice que incluso Einstein usaba sólo un 25 por ciento de su capacidad intelectual. Si esto es cierto, significa que todos tenemos un gran potencial sin explotar en nuestro interior. Empleando nuestra capacidad de discernimiento y transformando nuestra debilidad en fuerza, podemos poner en práctica más potencial interno.

Una mujer de Estados Unidos perdió a su hijo por culpa de un conductor borracho. Podría haberse consumido fácilmente odiando al hombre que mató a su hijo. En vez de luchar contra el conductor borracho, eligió luchar contra la conducción bajo los efectos del alcohol. En 1980, fundó, junto a otro grupo de mujeres de California, el MADD (Mothers Against Drunk Driving: Madres contra la Conducción bajo los Efectos del Alcohol). La organización cuenta con 600 centros en todo el país. Su activismo preparó el terreno para que se legislara contra la conducción en estado de ebriedad y, como resultado, el porcentaje de conductores borrachos en Estados Unidos se ha reducido drásticamente. ¿Qué habría conseguido esta mujer enfadándose contra un individuo? En lugar de eso, empleó su discernimiento y canalizó su ira hacia algo que, en verdad, benefició a la sociedad.

Algo parecido sucedió en un pueblo de una tribu en la India. Como eran muy pobres, no tenían viviendas dignas. Algunas casas ni siquiera tenían puertas. Una noche, un vagabundo entró en una de ellas e intentó violar a una mujer que dormía dentro. Ella pudo librarse de él, pero al defenderse del atacante resultó con heridas de consideración. Mientras la víctima se recuperaba de las heridas, la rabia la consumía. Sin embargo, en lugar de intentar vengarse de aquel hombre, empleó su ira de forma creativa. Decidió que nadie más iba a sufrir el mismo destino y organizó a los miembros de la tribu para protestar por sus condiciones de vida ante el gobierno local. Al final, el gobierno aceptó construir casas adecuadas y seguras para toda la tribu. También crearon una fuerza policial especial para proteger la zona.

En el discurso que Amma pronunció en la Iniciativa para la Paz Global de Mujeres Guías Espirituales y Religiosas (2002), se cuenta una historia real sobre una mujer que perdió a su marido en un atentado terrorista. Cuando sucedió, su hijo era todavía un muchacho y, tras perder a su padre, juró que un día se vengaría. Planeó unirse a un grupo de militantes rival para tomar represalias contra el grupo que mató a su padre. Cuando se lo contó a su madre, ésta le dijo: "Hijo, mira el dolor en el que está sumida nuestra familia. Mira lo difícil que es llegar a fin de mes sin tu padre. Y, mírate a ti mismo, mira lo triste que estás por no conocer el amor de un padre mientras creces. Cuando ves cómo los otros padres llevan a sus hijos al colegio, ¿no desearías que tu padre también estuviera vivo? Si te vengas de quienes mataron a tu padre, sólo vas a conseguir más dolor y sufrimiento. ¿Tiene que haber más rostros de dolor en esta sociedad? Por lo que debemos luchar, realmente, es por promover el amor y la hermandad. Es la única manera de conseguir paz para nosotros y para los demás. Por tanto, hijo mío, usa el discernimiento y actúa de acuerdo con él". El muchacho se tomó muy en serio las palabras de su madre y se negó a unirse al grupo terrorista, a pesar de que intentaron reclutarlo. Años más tarde, cuando conoció a Amma, le ofreció una oración: "Por favor, concede a esos terroristas, que están tan llenos de odio y violencia, el entendimiento correcto. Y llena con el espíritu del perdón los corazones de los que han vivido tantas atrocidades y han sufrido tanto. De lo contrario, la situación empeorará y la violencia no acabará".

Amma dice que el antídoto que salva vidas se extrae, en realidad, del mismo veneno de la picadura de la serpiente. De la misma forma, actuando con discernimiento y con buenas intenciones, nuestras debilidades y emociones negativas pueden transformarse en puntos fuertes.

Por otro lado, si no actuamos con discernimiento, nuestras aptitudes o dones pueden convertirse en puntos débiles. Por ejemplo, vemos muchas personas que tienen el don de la palabra y destacan como vendedores. Sin embargo, cuando hablan en exceso ante determinados clientes, en vez de persuadirlos para que compren, lo que hacen es alejarlos. Su capacidad de hablar se puede utilizar correctamente para vender sus productos, pero si no se controlan conseguirán que el cliente se vaya de la tienda. De ese modo, su habilidad para hablar se convierte en una debilidad.

Conozco un chiste que ilustra esta cuestión. Durante la revolución francesa, tres hombres fueron llevados a la guillotina. Un cura los acompañó para administrarles la extremaunción. Le dijeron al primer hombre que pusiera la cabeza bajo la guillotina. Cuando soltaron la cuchilla, ésta no cayó sobre su cuello sino que se quedó atascada donde estaba. El cura lo consideró una señal de Dios, y consiguió liberar al hombre diciendo que Dios le había perdonado sus pecados. Con el segundo ocurrió lo mismo. El tercero resultó ser ingeniero de profesión. Mientras lo conducían a la guillotina, miró hacia arriba y dijo: "¡Ya lo tengo! ¡Ya sé dónde está el problema!" y dio las instrucciones necesarias para que lo arreglaran. La guillotina estuvo lista enseguida y el ingeniero perdió la cabeza. En este caso, el hombre usó su aptitud, pero no su discernimiento.

Es necesario que usemos el discernimiento cuando elegimos los valores por los que queremos vivir. Si no lo hacemos, los mejores objetos y oportunidades de la vida no servirán de nada y sólo nos traerán desgracia. Muchos lectores habrán oído la expresión "el toque de Midas", que se refiere a la habilidad para hacer mucho dinero con muy poco esfuerzo aparente. Esta expresión viene del mito griego del rey Midas, cuya mayor ambición era acumular riquezas. Un día, se le apareció una diosa y le ofreció un deseo: podía pedir lo que quisiera. El rey no cabía en sí de gozo. Pidió a la diosa que lo bendijera de modo que todo lo que tocase se convirtiera en oro. La diosa lo previno de las consecuencias de este deseo, pero era tanta su codicia que ignoró las palabras de la diosa. No aceptaría ningún otro deseo. Al final, la diosa le concedió lo que pedía. Desde aquel mismo instante, cualquier cosa que el rey tocaba se convertía en oro.

No pasó mucho tiempo sin que el rey tuviera serios problemas. Cuando se sentó a desayunar, toda la comida que tocaba se transformaba en oro. Como no podía comerse un tazón de cereales dorados, llamó a su única hija para que lo ayudara. Ella se presentó rápidamente en la habitación de su padre y él la abrazó con amor. Pero, he aquí que, acto seguido, la niña se convirtió en una estatua de oro. El rey estaba aturdido y angustiado. Empezó a llorar sin cesar y rezó a la diosa que le había concedido el deseo. Cuando apareció ante el rey, la diosa le preguntó si era feliz con su toque de oro. El rey le suplicó que devolviera la vida a su hija y que, por favor, se llevase ese toque dorado.

La historia nos muestra que los valores distorsionados conducen a la tragedia. A veces, supone una mayor bendición no conseguir lo que queremos que cumplir con nuestro deseo. El discernimiento puede ayudarnos a desarrollar valores positivos, lo cual, a su vez, hará que nuestra vida sea más tranquila y útil, tanto para nosotros como para los demás.

Hace algún tiempo, una devota de Amma me explicó una hermosa historia personal. Antes de conocer a Amma, solía pasar algún tiempo en otro ashram. Una noche, llegó a ese ashram muy tarde y, cuando fue al dormitorio que le habían asignado, encendió la luz para localizar su cama. Nada más encender la luz, la mujer oyó una voz que, con tono enfadado, decía desde el otro lado de la habitación: "¡Apaga la luz!"

La mujer apagó la luz y, tanteando por la pared, encontró su cama. La hizo a oscuras y se puso a dormir. Al poco rato, apareció otra recién llegada y, al entrar, encendió la luz. De nuevo la voz exclamó con enfado: "¡Apaga la luz!" Durante el breve intervalo de tiempo que la habitación se iluminó, la primera mujer vio que la recién llegada era japonesa y que llevaba un punto naranja, señal de que era su primera visita al ashram.

A pesar de que la primera mujer estaba muy cansada, pensó que la recién llegada estaría agotada y desorientada. Así que se levantó de la cama y fue a saludarla. Inclinándose a la manera tradicional japonesa, le quitó las sábanas de las manos y le hizo la cama.

Después, volvió a hacer una reverencia a la agradecida japonesa y regresó a su cama. Antes de que se durmiera, la puerta de la habitación se volvió a abrir y, de nuevo, se encendió la luz. Puntualmente se oyó la orden: "¡Apaga la luz!" La primera mujer se estaba preparando para volverse a levantar, cuando vio a la mujer japonesa salir de la cama y saludar a la tercera persona de esa noche. La japonesa le hizo una reverencia, cogió las sábanas y le hizo la cama. Simplemente, la mujer japonesa asumió que esa era la costumbre del ashram.

Esta historia muestra que aprendemos mediante el ejemplo, pero que podemos usar el discernimiento para elegir qué ejemplo seguir y cuál rechazar. La mujer japonesa podía, fácilmente, haber decidido unirse a la orden de apagar la luz. Pero, en cambio, con sabiduría y discernimiento, eligió seguir el ejemplo más desinteresado de la mujer que la ayudó.

Recuerdo otra historia que ilustra el verdadero valor del discernimiento. Puede que recordéis el devastador terremoto que azotó el estado indio de Gujarat en enero de 2001. Murieron miles de personas y muchas más resultaron heridas. Muchos perdieron a sus seres queridos y sus hogares, y con ellos se fueron sus esperanzas y sueños. El ashram de Amma adoptó y reconstruyó por completo tres de los pueblos más afectados. Después de reconstruirlos, Amma visitó la zona y se reunió con sus habitantes. Un hombre le dijo que, aunque el terremoto se había llevado a toda su familia y todas sus pertenencias, estaba más decidido que nunca a triunfar en los negocios. Otro hombre, que también había sido comerciante antes del terremoto, y que había sufrido un destino parecido, le dijo a Amma que el desastre le hizo ver la naturaleza voluble de las posesiones y apegos materiales, y que el único deseo que le quedaba era fundirse en Dios. A pesar de que ambos habían pasado por lo mismo, un hombre seguía esforzándose en conseguir la felicidad terrenal, siempre transitoria, mientras que el otro fue capaz de utilizar su discernimiento para buscar la paz y felicidad eternas.

El primer capítulo de la *Bhagavad Gita* se denomina *Arjuna Vishada Yoga* o "el Yoga de la angustia de Arjuna". Tal vez nos preguntemos por qué puede llegar a ser doloroso el yoga (el proceso de unión con Dios). Si unos padres pierden un hijo, pueden adoptar dos posturas: sentir que lo han perdido todo y que ya no merece la pena vivir o reflexionar sobre la naturaleza cambiante del mundo y preguntarse: "¿Qué es todo esto? Creía que mi hijo iba a vivir mucho y me iba a hacer feliz. Ahora se ha ido. Lo que pensé que era permanente, ha resultado ser transitorio. Si deposito mis esperanzas en cosas pasajeras, estoy condenado a la desesperación. Mejor será depender de algo permanente que nunca me traicione". Pensando así, podemos volvernos hacia Dios. De esa manera, cualquier experiencia dolorosa puede ser un camino que nos acerque más a Dios.

La Escrituras hindúes nos dicen que ante cada uno de nosotros se abren dos caminos. Uno se llama *preyo marga*, o la búsqueda de la felicidad material; es decir, riquezas, poder, fama, etc. Este camino es un ciclo que nunca se acaba y que nos mantendrá perpetuamente atados al *samsara* (el ciclo de nacimientos y muertes). El segundo camino se llama *sreyo marga*, o la búsqueda de la felicidad definitiva; es decir, conocer a nuestro propio ser divino. Este camino nos liberará del ciclo de nacimientos y muertes, y nos conducirá a la libertad eterna.

Eso no quiere decir que para conseguir la felicidad eterna tengamos que renunciar a las posesiones materiales, sino que debemos ser conscientes de las limitaciones que tienen los objetos mundanos. Esta consciencia nos impulsará a aspirar a lo ilimitado, que es sólo Dios, nuestra verdadera naturaleza.

Para recordarnos que cuando venimos a este mundo no traemos nada, y que cuando lo abandonamos no nos llevamos nada, Amma suele contar la historia de la muerte del emperador Alejandro Magno.

Como sabéis, Alejandro fue un gran guerrero y gobernante que llegó a conquistar casi un tercio del mundo conocido. Quería ser emperador de todo el mundo, pero enfermó de muerte. Unos días antes de morir, explicó a sus ministros cómo quería ser enterrado. Les dijo que quería un ataúd con aberturas a cada lado, por las cuales poder sacar las manos con las palmas abiertas. Los ministros preguntaron a su señor por qué quería eso.

Alejandro dijo que, de ese modo, todo el mundo sabría que el "Gran Alejandro", el que pasó su vida entera luchando por poseer y conquistar el mundo, se había ido con las manos completamente vacías. Así, comprenderían lo inútil que resultaba pasarse la vida persiguiendo al mundo y sus objetos.

El discernimiento es la capacidad de distinguir entre lo permanente y lo transitorio. Gracias a él llegaremos a aferrarnos sólo a lo permanente e intentaremos alcanzarlo. En sentido espiritual, sólo Dios, o el *Atman*, permanece. Todo lo demás es pasajero. Las Escrituras dicen que: "El *Atman* estaba allí en el pasado, está aquí ahora y seguirá estando en el futuro". Por eso, al *Atman* se le llama la Verdad Suprema. Según las Escrituras hindúes, sólo se puede llamar Verdad a lo que existe, sin que crezca, se descomponga, ni cambie en absoluto, a lo largo de los tres periodos de tiempo (presente, pasado y futuro). Si alguna persona o cosa en vuestras vidas supera esta prueba, se le puede llamar Verdad. De lo contrario, no son la Verdad auténtica. Cuando actuemos con *viveka* (discernimiento), nos daremos cuenta de que nada, ya sea un objeto, persona o lugar, supera esta prueba. Entonces descubriremos que muchas de las cosas a las que nos hemos aferrado o hemos intentado alcanzar, no merecen la pena.

Amma quiere que comprendamos que el mundo y sus objetos son pasajeros. Son transitorios y no podrán acompañarnos cuando abandonemos el cuerpo.

Vemos, pues, que la capacidad de discernimiento es muy importante. Podemos usarlo tanto para transformar nuestra debilidad en una fuerza creativa como, para emplear nuestras aptitudes de la forma más efectiva. Esto nos ayudará a tener éxito en todo lo que emprendamos en la vida, incluyendo nuestros esfuerzos por alcanzar el éxito Supremo, la Auto-Realización.

Capítulo 17

Del discernimiento al desapego

Cuando ejercitamos nuestra viveka de manera adecuada, surge en nuestro interior vairagya. Vairagya es el desapego de lo que no es Verdad, de lo pasajero. En cuanto veamos que las personas y objetos de nuestra vida no son la Verdad, automáticamente, nos desapegaremos de ellos. Esto no quiere decir que no los amemos o que no nos importen, sino que no esperamos nada de ellos. En una relación normal, el amor que sentimos por la otra persona depende, mayormente, de lo que obtenemos de ella. Si no conseguimos lo que deseamos, ese amor disminuye. Citando el ejemplo que Amma suele utilizar, cuidamos muy bien de una vaca mientras nos da leche. Cuando deja de hacerlo, no dudamos en venderla, incluso al carnicero. Esa es la naturaleza del amor común o mundano.

Cuando nos desapegamos, el amor que sentimos por los demás ya no depende de lo que consigamos de ellos. Los amamos por que sí. Este desapego también se refiere a los objetos y posesiones. Si no tenemos apego, utilizaremos los objetos que están a nuestra disposición de la mejor forma posible. No nos afectará el hecho de que perdamos algo o no lo consigamos.

Hay una historia que Aristóteles contó, en una ocasión, a su discípulo Alejandro Magno: "Si alguna vez vas a la India, tráete un yogui cuando vuelvas a Grecia". Muchos años después, cuando Alejandro Magno se encontraba en el Himalaya, se topó con un yogui que estaba sentado en el suelo. Recordó la petición de su maestro y, acercándose al yogui le dijo: "Si vienes conmigo, te haré más rico que un rey. Tendrás tu propia mansión y un montón de criados para complacer todos tus deseos".

Después de escuchar la oferta de Alejandro, el yogui la rehusó amablemente y dijo: "No hay nada en el mundo que necesite ni desee. Si quieres ayudarme, por favor, muévete un poco a la derecha para que pueda disfrutar de los rayos del sol". El yogui estaba totalmente desapegado de los objetos del mundo. No le importaba estar sentado en una cueva o en una mansión. Disfrutaba de la dicha interior.

Puede que pensemos que para un yogui que vive en el Himalaya es muy fácil no tener apegos pero, para nosotros, con todas nuestras responsabilidades y posesiones, es imposible. Sin embargo, mirad a Amma. Tiene muchas más responsabilidades que nosotros y, aunque se ocupa de ellas con sumo cuidado e interés, no tiene ningún apego. Alguien le preguntó una vez a Amma: "Tiene muchas instituciones y ashrams. ¿Cómo se siente con todo eso?"

Amma respondió: "A pesar de que el cacahuete esté dentro de la cáscara, no tiene apego por ella. Así como la serpiente muda de piel, Amma puede prescindir de todo esto en cualquier momento. Ella no siente apego por nada".

En la vida, conseguimos unas cosas y perdemos otras. Nada permanece para siempre con nosotros. Tanto las cosas como las personas nos abandonarán un día y, si no lo hacen ellos, lo haremos nosotros, a la hora de abandonar este cuerpo. Si conseguimos vivir sin apego, nuestra mente estará en una relativa calma, y no afectarán a nuestra práctica espiritual las dificultades y retos de la vida. Un objeto sólo nos trae dolor cuando estamos apegados a él. Por ejemplo, imaginemos que alguien destroza el coche de nuestro vecino. Es posible que lo comprendamos, pero seguro que no nos enfadaremos ni disgustaremos. Sin embargo, si le sucediera lo mismo a nuestro coche, nos sentiríamos muy alterados. Si el apego que tenemos hacia ese coche fuera grande, hasta nos enfadaríamos con Dios y le preguntaríamos cómo pudo dejar que nos ocurriera eso a nosotros. La cantidad de sufrimiento que experimentamos cuando un objeto cambia o cuando lo perdemos, es directamente proporcional a nuestro nivel de apego hacia ese objeto.

Había una vez una persona avariciosa que recogía hasta los céntimos que veía en las alcantarillas. Un día, su vecino le telefoneó al trabajo para decirle que un incendio había destruido su casa. Antes de contarle la noticia, el vecino pidió al avaro que se sentase, ya que estaba seguro de que se iba a desmayar al oírlo. Sin embargo, cuando oyó lo que el vecino le tenía que contar, empezó a reírse. El vecino se quedó perplejo y pensó que el avaro se había vuelto loco por la espantosa noticia. Le preguntó: "¿De qué te ríes? ¿Has perdido la cabeza?"

El avaro replicó: "No, ¡vendí la casa hace tres días!"

El avaro se rió porque ya no era su casa. Si le hubieran dicho lo mismo cuatro días antes, habría reaccionado como esperaba el vecino. Esta es la libertad que el desapego nos da, sentimos que las cosas materiales, incluso las que poseemos, no nos pertenecen. Por tanto, no sentimos apego hacia esos objetos (o personas) y no nos afligimos cuando cambian o desaparecen.

Había una vez un muchacho que era pastor. Cada día, llevaba las vacas a pastar al campo. Cuando terminaban de pastar, las ataba a los árboles o a algún poste para que descansasen. Al atardecer, desataba las cuerdas y las vacas emprendían camino a casa. Un día, cuando las vacas habían terminado de pastar, las llevó al lugar de siempre para descansar, pero no se molestó en atarlas; sabía que eran animales de costumbres y que no se irían a ninguna parte.

Cuando regresó por la tarde, intentó llevar a las vacas de vuelta a casa. Por mucho que lo intentó, no se movieron. Algunas, que estaban tumbadas, se levantaron pero no se movieron. Como el pastor era muy inteligente, comprendió lo que pasaba. Se acercó a unos árboles y fingió que desataba las cuerdas, a pesar de que ese día no había atado las vacas a los árboles y, por tanto, no tenía que desatar ninguna cuerda. Las vacas no sabían que él no las había atado y pensaban: "Si no desata las cuerdas, ¿dónde vamos a ir?" Después de que el muchacho fingiera soltar las cuerdas, las vacas empezaron a andar.

De la misma manera, nuestros apegos existen a nivel mental. Cuando decimos que estoy enganchado a la televisión, eso no significa que haya una cuerda que nos ate a la televisión. Todos nuestros apegos, ya sean al televisor, a la casa, al coche, a los parientes o amigos, son proyecciones mentales. Por tanto, con un firme propósito mental, podemos superarlos. Amma dice: "Las cosas os acompañan un corto periodo de tiempo. Antes de que estuvierais aquí, pertenecieron a otra persona y, cuando os hayáis ido, pertenecerán a otra. Si vuestras posesiones fueran realmente vuestras, siempre estarían con vosotros. En realidad, nada os pertenece".

Sabiendo que algún día todo nos abandonará, deberíamos pensar que sólo somos un guardián provisional de nuestras posesiones, designado por Dios. Entonces, no nos afectaría tanto perder un objeto o persona. Como todo pertenece a Dios, entenderíamos que Él puede llevarse las cosas y las personas cuando quiera. El problema surge sólo cuando pensamos: "Esto es mío". Ese sentido de posesión es una de las causas básicas de nuestro sufrimiento.

En realidad, no estamos apegados a nada. Las Escrituras dicen: "Todo pertenece al *Atman*, y el *Atman* no pertenece a nada ni a nadie; es libre. Vosotros sois el *Atman*"

Capítulo 18

Comprender la naturaleza del mundo

Si queremos evitarnos muchas decepciones, tenemos que estar preparados para cualquier resultado, en todo momento y circunstancia. Esa es la manera lógica de abordar la vida. Amma nos pone un ejemplo muy práctico. Si acercamos el dedo a una llama, se quemará. En ese caso, no nos enfadamos con el fuego ni lo odiamos, pero la próxima vez que tengamos que hacer algo con fuego, estaremos preparados. Cuidaremos de no tocar el fuego directamente, para no quemarnos de nuevo. Al cambiar la manera de relacionarnos con el fuego, podemos utilizarlo en beneficio propio. De la misma manera, todos conocemos la naturaleza del mundo. Si las cosas no salen como queremos, tenemos que cambiar el modo de relacionarnos con él.

Algunas personas se fueron del ashram hace unos años y todos nos disgustamos mucho. Pero Amma no. Ella nos dijo: "No espero que nadie se quede conmigo hasta que se muera. Cualquiera se puede ir cuando lo desee. Nunca espero nada. Aunque todos los swamis se fueran del ashram, yo seguiría haciendo lo que tengo que hacer".

Amma vive en el mismo mundo que nosotros, pero nuestra forma de relacionarnos con el mundo es distinta al de ella. Si queremos alcanzar la paz y la felicidad, no hay otro camino que cambiar la manera de relacionarnos con el mundo.

Una ciudad tenía muchísimos problemas debido a una floreciente población de ratas. Los ciudadanos estaban indignados con el ayuntamiento porque no era capaz de controlar el problema. Cediendo a la presión de los votantes, el alcalde desveló un nuevo proyecto llamado "Erradicación de ratas", pero tras unos meses de aunar esfuerzos, se dio cuenta de que no iba a ser un trabajo fácil. Defraudados por la falta de resultados en la solución del problema, los ciudadanos reanudaron sus protestas. Con la esperanza de reducir las protestas, el alcalde dio al proyecto un nuevo nombre, "Control de ratas". Enseguida se dio cuenta de que era tan imposible controlar las ratas como erradicarlas. La gente volvió a salir a la calle y el desesperado alcalde anunció su nuevo plan. Lo llamó "Convivir con las ratas".

De igual manera, no es posible eliminar todos los problemas del mundo y de nuestra vida. Podemos llegar a controlarlos hasta cierto punto; y lo que no podemos controlar, tenemos que aprender a aceptarlo.

Un hombre que tenía muchos problemas fue a un astrólogo védico para preguntar sobre su futuro. El astrólogo le dijo: "Está atravesando un momento muy difícil. Lleva quince años bajo la influencia de Rahu y le quedan tres más. Seguirá siendo un periodo muy duro".

"¿Qué pasará después?" preguntó el hombre.

El astrólogo lo miró con compasión y le dijo: "Después, estará bajo la influencia de Júpiter durante 12 años. Para la mayoría de la gente, representaría una mejora, pero el suyo es un caso especial. Júpiter está mal situado en su carta astral y también le ocasionará problemas".

"¿Y después de Júpiter?"

"Después de Júpiter, entrará en Saturno durante 19 años. Esto le causará más problemas que los que tuvo en años anteriores".

El hombre dijo: "¿Qué pasará después de eso? ¿Se terminarán mis problemas?"

El astrólogo dijo: "Después, sus problemas no serán problemas, porque se habrá acostumbrado a cualquier tipo de problema".

Amma dice que en época de crisis y frustración, deberíamos intentar agradecer lo que tenemos en vez de fijarnos en nuestros problemas. Siempre hay muchas cosas por las que estar agradecidos a Dios. Amma dice que nos dedicamos tanto a quejarnos de lo que no tenemos, que perdemos de vista lo bueno que ya poseemos.

Cuando nos vamos a dormir por la noche, ¿qué garantías hay de que vayamos a despertarnos por la mañana? No sabemos siquiera qué va a pasar en el instante siguiente. La vida humana es muy frágil. Nos puede suceder cualquier cosa en todo momento. En Gujarat, en enero de 2001, todo estaba en calma unos minutos antes del devastador terremoto. Cinco minutos después, muchas casas, esperanzas y vidas quedaron destruidas. Nuestra vida es así; es muy frágil. Si un nervio en concreto se tuerce, ya no podremos levantar el brazo. Es cuestión de un segundo.

¿Qué podemos hacer en un mundo de esta naturaleza? Deberíamos intentar ser felices con lo que tenemos. Por supuesto que no hay nada malo en tratar de conseguir más. No hay ninguna garantía de que vayamos a lograrlo pero, si lo conseguimos, demos gracias a Dios. Deberíamos darle las gracias incluso por despertarnos cada mañana. Cada día y cada momento de nuestra vida es una bendición divina.

Recuerdo una historia. En una ocasión, todos los insectos fueron ante Dios para expresarle sus quejas. Los mosquitos le dijeron: "Señor, nos has dado esta boca en forma de trompa para picar y chupar la sangre de los seres humanos, has creado a los seres humanos con carne y mucha sangre y nos has dado un cuerpo diminuto y alas para que volemos cuando haya peligro. Has sido misericordioso y considerado con nosotros, pero tenemos un problema: ¿por qué creaste a nuestro enemigo el viento? Cada vez que estamos a punto de saborear nuestra copiosa comida, el viento sopla y tenemos que huir para salvar la vida. ¿Por qué no eliminas el viento de la tierra?"

El Señor dijo: "Hijos míos, todos sois muy queridos para mí. No puedo tomar una decisión sin la presencia del acusado. Traed al viento aquí y decidiré". Pero el mosquito sabía que si aparecía el viento, tendría que marcharse. En vez de ir a invitar al viento, el mosquito se dirigió hacia algunos de sus amigos y dijo a los otros insectos: "Queridos hermanos y hermanas, vosotros sois felices. Bebéis la sangre de los humanos hasta saciaros. Pero nuestra situación es penosa. En cuanto el viento aparece, tenemos que huir. ¿Podéis darnos algún consejo o sugerencia?"

Uno de los insectos respondió: "Creéis que lo nuestro es fácil, pues escuchad nuestra situación. Somos chinches y no tenemos alas como vosotros. Queremos pedir a Dios que nos dé alas para volar. Si no lo conseguimos, le pediremos que haga a los seres humanos sin ojos, porque siempre nos encuentran y acaban matándonos, aunque nos escondamos en una esquina de la cama".

El tábano dijo: "Nuestro sufrimiento es indescriptible. Cuando nos colocamos sobre un ser humano para chuparle la sangre, éste nos da un manotazo, y adiós, se acabó. A veces conseguimos escapar, pero, entonces, nos morimos de hambre. Aunque nos gusta la sangre, no podemos conseguir ni una gota. Queremos pedirle a Dios que haga a los seres humanos sin manos".

El Señor escuchó sus quejas con mucha paciencia, pero no dijo nada. ¿Qué podía decir? Ni siquiera Dios puede tomar esas decisiones. Sencillamente tiene que permanecer en silencio, porque Él conoce la naturaleza de la creación. ¿Os podéis imaginar en qué estado se encontraría el ser humano si Dios satisficiera los deseos de todos los mosquitos, chinches y tábanos?

Amma dice que no se pueden eliminar todas las dificultades. De buena o mala gana, hemos venido a este mundo y lo mejor que podemos hacer es comprender su naturaleza. Esta comprensión, junto con nuestra fe en Dios o en un *Satgurú* como Amma, nos dará fuerza para afrontar los problemas con una actitud positiva.

Los problemas existen, sobre todo en nuestra mente. Se dice que la mente es la única causa de la liberación y de la esclavitud; la mente es la única causa que nos provoca dolor y felicidad.

Casi ningún tipo de conocimiento es esencial para nuestra existencia. Aunque no hayas estudiado cálculo, no tienes por qué ser un desgraciado. De la misma forma, si quieres estudiar botánica, puedes hacerlo. Pero si no lo haces, eso no va a tener un efecto negativo en tu vida. Hay muchos botánicos y matemáticos que no son felices. Sin embargo, todo el mundo tendría que estudiar los principios espirituales para llevar una vida feliz y en paz. Por ese motivo, la enseñanza espiritual era un aspecto muy importante en la antigua tradición de la India. Hoy en día, se cree que las Escrituras están pasadas de moda. Pensamos que no necesitamos saber nada de espiritualidad para tener éxito en la vida. De hecho, hoy más que nunca, necesitamos de una comprensión espiritual, pues nuestros valores éticos y morales han caído en picado como consecuencia directa de esta falta de comprensión. La ausencia de valores está creando una serie de problemas que eran impensables hasta hace poco, tanto en la sociedad como en el individuo. Sin comprender los valores espirituales, siempre nos sentiremos desgraciados y deprimidos, y no habrá armonía en la sociedad.

Aferrarnos con firmeza a los valores esenciales de la espiritualidad nos da fuerza, no fuerza física, sino fortaleza emocional. Puede que físicamente seamos muy fuertes, incluso hercúleos, pero a la hora de afrontar los problemas de la vida, la fuerza física no nos resulta muy útil. En casi todos los periodos de crisis, nada nos va a ayudar, salvo nuestra propia fortaleza emocional, que surge de un verdadero entendimiento de la naturaleza del mundo. Amma dice: "Si sólo nos alimentamos de comida basura, tendremos un cuerpo enfermo. De la misma forma, si alimentamos nuestra mente con pensamientos negativos, tendremos una mente enferma. Así como nuestro cuerpo necesita buena comida todos los días, nuestra mente necesita pensamientos espirituales positivos para estar fuertes y sanos".

Esto no quiere decir que baste con el conocimiento espiritual. La mayoría de nosotros ya tenemos mucha información sobre la espiritualidad, pero mientras no sea más que mera información, no nos aportará ningún beneficio. Sólo cuando llevamos el conocimiento a la práctica, obtendremos realmente un beneficio.

Si comemos pero no digerimos la comida, ¿cómo vamos a nutrirnos? No es la comida que comemos, sino la que digerimos, la que nos da fuerza. Así, podemos leer muchos libros espirituales y escuchar muchos *satsangs* (conversaciones espirituales), pero si no ponemos esas enseñanzas en práctica, no nos resultarán provechosas.

Por eso, Amma da mucha importancia a la práctica espiritual y a asimilar los principios espirituales en nuestra vida cotidiana. Si nos planteamos la vida de manera correcta, las situaciones difíciles con las que nos encontremos nos ayudarán a fortalecer la mente. Esta es como un músculo; se expande y contrae dependiendo de cuánto la ejercitemos.

Las Escrituras dicen *"Panditaha na anusochanti"*, que significa "las personas sabias no se afligen". Las Escrituras nos dicen que la solución a la angustia es la sabiduría. La sabiduría es *jnana*, o el conocimiento de que "yo no soy el cuerpo, ni la mente, ni el intelecto ni el ego. Yo soy uno con la Conciencia Suprema". Sólo las personas que están establecidas en esta sabiduría pueden evitar el dolor.

Cuanto mayor sea el grado de asimilación y comprensión de la Verdad, menos nos quejaremos. Cuando realicemos nuestra unidad con la Conciencia Divina, todas nuestras quejas desaparecerán. Aunque tengamos problemas, eso no será ninguna dificultad para nosotros.

Al contrario que nuestra felicidad, la dicha de una persona Auto-Realizada no depende de nada. Amma no depende de nada de este mundo para su felicidad, contentamiento o paz mental; pues son incondicionales. Nuestra situación es distinta, ¿no os parece? Nuestra paz mental depende de muchas cosas del mundo. Si se dan ciertas condiciones, seremos felices. Si no, no lo seremos. Creemos que sólo si conseguimos un buen trabajo, tenemos una buena familia y nos casamos, seremos felices de verdad. Por supuesto que son cosas necesarias, pero no está garantizado que siempre nos vayan a dar la felicidad.

Amma dice que mucha gente cree que si no se casa, nunca se sentirán satisfechos pero, luego, dicen: "Ahora que me ha casado, estoy acabado". Si lo analizamos de cerca, veremos que este planteamiento de vida, el depositar nuestras esperanzas en un objetivo, objeto o persona externos, nunca va a lograr que nos sintamos verdaderamente felices y satisfechos.

Sólo la ciencia de la espiritualidad nos puede ayudar en este sentido. Una persona espiritualmente culta tiene una armadura de conocimiento que impide que los altibajos de la vida le afecten. Si comparamos la vida con un campo de batalla, el conocimiento espiritual es la armadura que impedirá que nos hieran. Aunque nos golpeen varias armas, ninguna atravesará nuestra armadura. Los ataques no nos afectarán. De la misma manera, un *Satgurú* también se encuentra con problemas en la vida. Puede que incluso tenga más problemas que nosotros. Es posible que para nosotros sea más que suficiente cuidar de una pequeña familia. Considerad el caso de Amma. Ella cuida de miles, incluso millones de familias.

Muchos devotos quieren que Amma encuentre una mujer para su hijo, que arregle una disputa familiar o un problema entre los cónyuges. Muchas veces, Amma adopta medidas para que se cumplan los deseos de los devotos, incluso sin que ellos le hayan pedido nada verbalmente.

Cuando mi hermana pequeña alcanzó la edad adecuada, Amma le encontró un chico y Amma los casó. Un día, en Australia, donde se estaba llevando a cabo un programa, Amma me llamó y me dijo: "Amma lo ha arreglado todo para la boda de tu hermana; será en el ashram en tal y tal fecha". No estaba nada preocupado por los miembros de mi familia. No me preocupaba el hecho de que mi hermana encontrase un marido. Amma se encargó de eso. Este es sólo un ejemplo. De manera parecida, ella cuida de miles de familias por todo el mundo.

De modo que un *Satgurú* tiene muchas más responsabilidades que nosotros y, sin embargo, nunca se siente abrumado ni estresado. Sucede así porque el *Satgurú* tiene un entendimiento apropiado sobre la vida. Sólo esta sabiduría espiritual puede proporcionar una solución permanente a nuestros problemas; es decir, la determinación para resolver cualquier problema que se pueda solucionar y la fortaleza para aceptar con ecuanimidad cualquier problema que no se pueda resolver. Depende de nosotros estudiar matemáticas, botánica o las asignaturas que elijamos, pero si queremos ser felices de verdad, no nos queda más remedio que adquirir sabiduría espiritual.

Las Escrituras dicen:

kasya sukham na karōthi viragaḥ

¿Qué persona sin apegos no va a ser feliz?

Si analizamos nuestra vida con detalle, nos daremos cuenta de que muchas de las cosas que hemos perseguido durante tanto tiempo, nos han acarreado más desdicha que felicidad. Incluso para conseguir algo de felicidad del mundo, tenemos que esforzarnos mucho.

Imaginemos que queremos comprar un coche deportivo caro. Pensamos que cuando lo consigamos, seremos felices de verdad. Primero, tenemos que trabajar mucho para conseguir el dinero y, una vez que hemos comprado el coche, tenemos que trabajar mucho para mantenerlo. Después de un tiempo, empieza a averiarse y, al final, la reparación cuesta más que el propio coche. Puede, que antes de que suceda eso, tengamos un accidente y el coche quede destrozado. Cuando pensemos en cuánta felicidad y satisfacción nos dio poseer el coche y cuántos problemas nos ha causado, puede que nos preguntemos si, realmente, mereció la pena tanto esfuerzo. A pesar de darnos cuenta de que perseguir ese tipo de cosas acarrea más problemas que felicidad, seguimos corriendo tras los objetos materiales. Esto se debe a que no somos capaces de superar nuestra atracción por ellos. Incluso antes de que la grúa se lleve nuestro coche destrozado, estaremos pensando ya en el nuevo modelo que nos vamos a comprar.

Es bastante ilógico esperar que las cosas transitorias nos proporcionen la felicidad permanente. Amma dice: "Intentar conseguir la felicidad eterna a partir del mundo, es como intentar enrollar el cielo y llevarlo bajo el brazo; nunca lo conseguiremos. A menos que miremos en nuestro interior, nunca lograremos la felicidad permanente o eterna".

Pensamos que después de realizar ciertos deseos, seremos felices. Pensamos que sólo tenemos unos diez deseos y que, una vez que los realicemos, nos sentiremos felices y contentos. Sin embargo, si alguna vez logramos realizar esos diez deseos, nos sorprenderemos al descubrir que la lista de diez ha aumentado a quince. Entonces, estamos seguros de que, si satisfacemos sólo esos quince deseos, alcanzaremos, finalmente, la paz. Y, si de algún modo, somos capaces de satisfacerlos, veremos que la lista sigue en aumento. Intentar realizar todos esos deseos lleva tiempo; al final, nos hacemos viejos y morimos en el proceso. La promesa de la felicidad material es como intentar alcanzar la base del arco iris. No importa lo lejos que viajemos; siempre estará aún más lejos.

¿Por qué los seres humanos buscan la felicidad de manera instintiva? Este impulso innato surge porque el origen de los seres humanos es la Conciencia Suprema, que es la fuente de la dicha infinita. Esta experiencia está muy arraigada en la conciencia humana, aunque no seamos conscientes de ello, y, por eso, todos deseamos intensamente experimentarla de nuevo. De ese modo, el anhelo de felicidad es inherente a todos los seres humanos y, consciente o inconscientemente, la humanidad lucha por ese único objetivo. Así como el agua siempre fluye hacia el mar y un pájaro siempre intentará escapar de la jaula, es la naturaleza de todas las cosas luchar por volver a su estado natural. El propósito de las Escrituras y de la vida del *Satgurú* es enseñar a los seres humanos el camino de vuelta a su estado natural, que es la dicha eterna e infinita.

Sin embargo, todos buscamos la felicidad eterna en el lugar equivocado. Nos es más fácil buscar en el exterior porque, en primer lugar, nuestra mente es extrovertida. Los objetos externos sólo emiten un reflejo de la felicidad verdadera, pero nosotros creemos que ese reflejo es la verdadera felicidad. Creemos que brilla por fuera y es oscura por dentro, pero Amma sabe que es todo lo contrario y, lentamente, nos está guiando para que, mirando en nuestro interior, encontremos el éxito Supremo.

Sólo si vemos los defectos inherentes del sueño de la felicidad material, podremos apartarnos. Sin embargo, nuestro nivel de conciencia es tan bajo, que, incluso aunque tengamos información sobre los defectos, no siempre nos alejamos del objeto. Por ejemplo, en todos los anuncios de tabaco indican que fumar es perjudicial para la salud. Antes, estaba en letras pequeñas pero, ahora, si os fijáis en los paquetes de tabaco de occidente, pone FUMAR MATA en letras mayúsculas, de un lado a otro del paquete. Sin embargo, mucha gente sigue comprando tabaco. Hay un chiste sobre un fumador empedernido. Le dijo a su amigo que, en el periódico, había un nuevo anuncio muy atrayente de su marca de cigarrillos favorita, pero todo el efecto publicitario se venía abajo por la advertencia reglamentaria de que el tabaco es perjudicial para la salud. "Al final", le dijo el fumador a su amigo, "me harté tanto, que lo dejé". El amigo estaba sorprendido. "¿Dejaste de fumar?" "No", dijo el fumador empedernido. "Dejé de leer el periódico".

A pesar de que el defecto se señale con claridad, no somos capaces de apartarnos del objeto. ¿Qué se puede decir, entonces, sobre los defectos de la felicidad material que no llevan ninguna advertencia?

No intento ofrecer una visión pesimista de la vida. El punto de vista de las Escrituras no es ni pesimista ni optimista, es realista. Una vez que entendamos de verdad la naturaleza del mundo, se nos hará más fácil cultivar el desapego. De esta manera, aunque estemos inmersos en responsabilidades y relaciones terrenales, las vicisitudes y privaciones de la vida no nos sacudirán, porque sabremos que la verdadera fuente de felicidad reside, no en el exterior, sino dentro de nosotros, y sólo buscaremos refugio en ella.

Una vez, había un reino con un sistema de gobierno muy poco habitual. Cualquiera podía convertirse en rey, bajo una única condición. Después de reinar durante cinco años, sería exiliado a una isla desierta llena de serpientes venenosas y animales salvajes, donde encontraría una muerte segura. Los cinco años de vida nadando en la abundancia atrajeron a muchos y la lista para convertirse en rey era larga. Sin embargo, inmediatamente después de ser coronado, cada rey se sentía más deprimido y malhumorado que el anterior. Como sabían que sus días de rey estaban contados y que después sólo les esperaba el sufrimiento y la muerte, ninguno disfrutaba ni una sola hora de sus cinco años como señor del reino. Los ciudadanos pensaron incluso en revisar su sistema de gobierno, pero vieron que el último rey era distinto. Siempre estaba sonriendo, hacía regalos, perdonaba a los criminales y organizaba muchas fiestas. Aunque los años pasaban y el fin de su reino se aproximaba, su entusiasmo y buen ánimo nunca disminuyeron. Por fin, llegó el día en el que debía abandonar el trono y partir solo hacia la isla desierta. Los guardas de palacio asaltaron la cámara real preparados para enfrentarse con el monarca, tal como sucedía el día que el rey era enviado al exilio. Pero este rey ya les esperaba en la puerta y siguió sonriendo cuando salió de la ciudad y se subió a la barca que le llevaría a la isla desierta.

Cuando el rey estaba embarcando, uno de los guardas de palacio le preguntó: "Si sabía su destino, ¿por qué siempre sonreía? ¿Cómo puede sentirse tan feliz incluso ahora?"

"Desde el primer día que me convertí en rey", le confió, "envié barcos con numerosos hombres para limpiar la isla de todos los animales peligrosos y la vegetación desagradable. Cuando terminaron de hacerlo, envié más hombres a construir un palacio con hermosos jardines, que hace que el palacio que he dejado atrás parezca una mazmorra. Siempre estoy sonriendo porque sé que, aunque me envían lejos de aquí, me espera una vida mejor".

Como el rey de la historia, no debemos malgastar nuestra energía dando vueltas al hecho de que estamos aquí por poco tiempo. En cambio, debemos esforzarnos en conseguir lo permanente, el estado de la Realización de Dios, o la realización de nuestro Verdadero Ser.

Capítulo 19

El crecimiento integral es el auténtico crecimiento

Cuando hablamos de crecimiento, nos referimos al crecimiento del cuerpo. Todos los seres vivos empiezan siendo muy pequeños al principio de su vida y, con el tiempo, se hacen más grandes y fuertes. A excepción de los humanos, el crecimiento de todos los seres vivos se limita al plano físico. Los animales no pueden hacer nada diferente de sus antepasados, salvo cuando los seres humanos los entrenan para realizar una función sencilla y concreta. Hoy, el gato maúlla igual que sus antepasados hace miles de años. Los burros también rebuznan exactamente igual que sus antepasados. Un burro no puede cantar como un ser humano, pero un humano sí puede rebuznar. Los seres humanos han evolucionado. Al principio gesticulábamos, después gruñíamos y emitíamos sonidos primitivos. Al final logramos comunicarnos a través de un lenguaje básico. Después empezamos a escribir, cantar e, incluso, enviar correos electrónicos.

La historia de la evolución humana es la historia de nuestro crecimiento en cuatro niveles distintos: físico, mental, intelectual y espiritual. Hubo un tiempo en el que el poder muscular se consideraba superior a cualquier otra cualidad del ser humano. Con la revolución tecnológica y el desarrollo de la educación y la civilización, lo que más se valora en el mundo actual es la inteligencia.

Ahora, la gente utiliza su intelecto, más que la fuerza bruta, para avanzar por el mundo. ¿Supone eso un crecimiento verdadero? A menos que crezcamos simultánea y sistemáticamente en los cuatro planos, no podemos decir que estemos evolucionando de verdad.

Amma dice a menudo: "Nuestro cuerpo está creciendo en todas direcciones, pero nuestra mente, no". Sucede así porque todo el mundo crece físicamente cuando come y duerme lo suficiente; no se necesita realizar ningún esfuerzo extra por nuestra parte. Tampoco es posible mejorar los procesos involuntarios del cuerpo, ya que no son conscientes. No nos es posible utilizar mejor el hígado, ni poner a punto la circulación de la sangre ni tampoco mejorar nuestras funciones neurotransmisoras. Sólo las podemos mejorar indirectamente, cuidando la salud. Sin embargo, cuando la consciencia entra en juego en una función, entonces, podemos mejorarla.

Por ejemplo, si hacemos un esfuerzo consciente, podremos tener más paciencia y ser más perspicaces y compasivos. Esto nos muestra que, si queremos crecer mental, intelectual o espiritualmente, el factor clave es la consciencia. Aunque el crecimiento físico tiene sus limitaciones, el potencial de crecimiento en los otros tres niveles, es ilimitado. Es obvio que, mientras que el potencial infinito del ser está presente en todos nosotros, el grado en el que este potencial se manifiesta, varía. Por ejemplo, tanto una bombilla de 100 vatios como otra de 10 se iluminan por el poder de la electricidad. Debido a las características del instrumento, la de 100 vatios brilla más que la de 10.

El crecimiento en estos niveles no es un proceso natural. Es esencial realizar un esfuerzo consciente y constante. Por ejemplo, podemos decir que la mantequilla se encuentra en la leche de manera latente. Sin embargo, sólo si batimos la leche el tiempo necesario, obtendremos mantequilla. De manera parecida, si nos esforzamos constantemente, sentiremos un amor y una compasión por los demás sin límites. Podemos cultivar un amor y compasión expansivos y, de ese modo, abrazar a toda la creación. Amma es un ejemplo vivo de cuánto se puede expandir nuestro corazón. A esto se le llama crecimiento mental.

Recordad que, según el Vedanta, la mente es la sede de las emociones y el intelecto es la facultad de la toma de decisiones. Así que, hablar de crecimiento mental también supone desarrollar una madurez emocional, al igual que fomentar cualidades positivas como el amor incondicional, la compasión, la amabilidad, la paciencia, etc. Todas las virtudes son indicios de una mente sana y expansiva.

A nivel intelectual, también hay espacio para un crecimiento enorme. Podemos seguir estudiando el universo desde las partículas subatómicas, hasta las galaxias en continua expansión. Los campos de estudio disponibles para los humanos son tan numerosos, que una persona normal ni siquiera puede nombrarlos todos. Sólo en el campo de la física, el conocimiento que disponemos es tan amplio, que ya es imposible que un solo estudiante aprenda todo lo que hay que saber sobre física en toda su vida; por eso tiene que especializarse en una rama pequeña del saber. No obstante, nuestra capacidad de crecimiento intelectual es virtualmente infinita, si bien limitada a lo que dure nuestra vida.

Sin embargo, hoy en día, el patrón del crecimiento intelectual es el desarrollo de nuestra capacidad de discernimiento. Cuando vamos a la universidad nuestro intelecto se desarrolla significativamente, pero decidir si deseamos utilizar ese desarrollo correctamente o no depende de cuánta capacidad de discernimiento hayamos adquirido junto con él. El conocimiento sobre cómo desintegrar el átomo se puede usar para generar una gran cantidad de electricidad o para hacer cabezas nucleares capaces de reducir la tierra a cenizas. Si hemos desarrollado nuestra capacidad de discernir, no emplearemos nuestra capacidad intelectual para generar más sufrimiento a nuestro alrededor, sino para reducirlo. Encontrando maneras de beneficiar a aquellos que están a nuestro alrededor y a la sociedad en general, reducimos el sufrimiento de los demás. Si empleamos el discernimiento para distinguir lo permanente de lo pasajero, reducimos el sufrimiento en nuestras vidas.

El cuarto nivel de crecimiento es el espiritual. Si las cualidades positivas denotan crecimiento mental y el poder de discernir determina el crecimiento intelectual, el criterio para el crecimiento espiritual es la expansión del sentido del "yo". En la actualidad, la mayoría de nosotros estamos condicionados a pensar que somos un cuerpo físico con facultades mentales e intelectuales. Nuestra definición más amplia del ser incluye a nuestra familia, profesión y país. Deberíamos reconocer las limitaciones de nuestro condicionamiento actual e intentar expandir gradualmente los límites, hasta que podamos abrazar a toda la creación como a nuestro Verdadero Ser. De hecho, nuestra naturaleza real es *Brahman*, el cual es infinito, omnisciente, omnipotente y omnipresente.

Como tal, no hay límites para nuestro crecimiento espiritual. Cuando realizamos la naturaleza de nuestro Verdadero Ser, nos damos cuenta de que, en efecto, somos infinitos.

Un *Satgurú* es alguien que ha alcanzado este objetivo y puede ayudar a otros a conseguirlo. Por supuesto que todos tenemos el potencial de alcanzar el mismo estado de Amma porque, en esencia, somos una y la misma consciencia. Por eso Amma se dirige a todos sus hijos como "Omkara divya porule", que significa "la esencia del Om". El *Satgurú* empieza trabajando en nosotros a nivel mental e intelectual y, poco a poco, nos conduce a nuestro hogar eterno de felicidad duradera. A nivel mental, nos ayuda a superar nuestra negatividad y a desarrollar buenas cualidades. A nivel intelectual, el *Satgurú* nos hace comprender qué es eterno y qué efímero y, también, a discernir entre los dos. A nivel espiritual, el ilimitado amor y compasión del *Satgurú* disuelve nuestro ego y hace que nos demos cuenta de nuestra unidad con el *Satgurú* y con toda la creación.

Ante todo, el trabajo de un *Satgurú* consiste en ayudarnos a crecer mental y espiritualmente. Hay muchos casos de personas ricas que sólo estaban centradas en acumular más riqueza para ellos y sus familias, hasta que conocieron a Amma. Después de conocerla, han dejado muchas de las comodidades a las que estaban acostumbrados. Ahora viven con un espíritu de renuncia, a la vez que donan su tiempo y recursos para ayudar a aquellos que lo necesitan. Este es un ejemplo de crecimiento mental. También hay casos de personas que eran muy acaloradas y se enfadaban por cosas insignificantes. Después de conocer a Amma, mantienen la calma y la serenidad, incluso en circunstancias difíciles.

Había un médico que solía venir al ashram y no cobraba por sus srvicios. Sin embargo, tenía muy mal genio y solía amonestar a los pacientes con mucha furia. Los residentes del ashram se quejaron ante Amma de que era tan duro que tenían miedo de acudir a él aunque estuvieran enfermos. Amma le comunicó las quejas al médico, y él reconoció que tenía muy mal genio. Le explicó que había luchado por superarlo, pero todos sus esfuerzos habían fracasado. Amma le dijo: "Hijo mío, Amma te puede ayudar a superar tu ira, pero tienes que prometerle algo". El médico parecía indeciso. Amma le dijo que no se preocupase porque le iba a pedir algo que estaba a su alcance. Al oír estas tranquilizadoras palabras, consintió en hacer todo lo que Amma le pidiera. Amma le entregó una fotografía suya enmarcada y protegida por un cristal y le dijo: "Hijo mío, cada vez que te enfades con alguien, Amma te pide que golpees esta fotografía con todas tus fuerzas". El médico estaba sorprendido por las instrucciones de Amma, pero como se lo había prometido, se comprometió a hacer todo lo posible.

Al día siguiente, el médico se enfadó con los pacientes, como de costumbre. Cada vez que perdía los estribos, esperaba a que el paciente se marchara y, entonces, golpeaba con suavidad la fotografía de Amma. Pasados unos días, Amma le preguntó qué tal controlaba su ira. Él le dijo que había mejorado algo, pero que todavía perdía los nervios. Amma le preguntó si golpeaba la foto con todas sus fuerzas. El médico reconoció que lo hacía con suavidad, ya que no se sentía con el valor suficiente para golpear la imagen de Amma. Ella le recordó que había hecho una promesa y le dijo que la próxima vez que se enfadase, debía golpear la foto tan fuerte como pudiera.

El médico volvió a su consulta decidido a ser muy cuidadoso para no enfadarse. Se recordó a sí mismo que, si se enfadaba, tendría que golpear la foto de Amma con fuerza, algo que no se atrevía a hacer. Por la fuerza de la costumbre, al día siguiente regañó mucho a un paciente por no seguir sus instrucciones. Cuando el paciente se fue, se dirigió hacia la imagen de Amma que estaba colgada en la pared. Se preparó y golpeó la foto con tanta fuerza que rompió el cristal. Acto seguido, al darse cuenta de lo que había hecho, se sintió desolado. Tenía tanto remordimiento que no pudo comer en tres días.

Después de aquello, se produjo un gran cambio en el médico. Incluso sus pacientes empezaron a alabar su extraordinario nivel de amabilidad y paciencia. Unos meses más tarde, Amma lo liberó de la promesa, advirtiéndole que siempre tendría que tener cuidado con su genio. Puede parecer que, en este caso, Amma tomó una medida extrema, pero ella sabía que era la única forma de que el doctor superase su mal carácter. De ese modo, Amma le ayudó a crecer mentalmente.

El crecimiento espiritual implica integrar principios espirituales como el desapego, el desinterés y la entrega. Amma personifica todas esas cualidades perfectamente. Podemos cultivarlas observando a Amma e intentando seguir su ejemplo e instrucciones.

Hace muchos años, las autoridades de un templo cercano al ashram me pidieron que fuera a celebrar un programa. Como siempre, pedí permiso a Amma antes de responderles. Amma aceptó que fuera y organizamos el *satsang* para la semana siguiente.

El día previsto para el *satsang*, llegué al templo a las cuatro y media de la tarde. No había nadie. No me preocupé porque el programa no empezaba hasta las cinco. Esperé pacientemente, pero a las cinco todavía no había llegado nadie al *satsang*. Decidí esperar un poco más antes de empezar. Pasaron los minutos y todavía seguía sin venir nadie.

A las seis, dos personas que parecían venir con la única intención de rezar en el templo, me vieron sentado allí y se sentaron para escuchar lo que tenía que decir. Una vez sentados, empecé a recitar las oraciones introductorias. Normalmente duran un minuto o dos pero, con la esperanza de que acudiera más gente a escuchar el *satsang*, añadí un verso tras otro mientras abría los ojos a hurtadillas para ver si llegaba más gente. De esta manera, alargué las oraciones diez minutos.

Al final, vi que se acercaba un grupo de personas y terminé de rezar. Después de empezar a hablar, observé que tampoco habían venido a escucharme. Permanecieron en la entrada unos minutos y luego fueron a rezar al templo. Yo había preparado un discurso largo pero, en esas circunstancias, sólo hablé unos minutos. Entonces, cerré los ojos y comencé a cantar *bhajans*. Seguí cantando, con los ojos cerrados, hasta que oí a los sacerdotes del templo empezar a preparar el *arati* (un culto que se realiza moviendo alcanfor ardiendo ante la imagen de la deidad). Para entonces, había unas 20 personas en la entrada. No sabía si habían venido al programa o al *arati*. Después de realizar el *arati*, yo canté el *arati* de Amma y regresé al ashram.

Muy disgustado con la forma en la que se había desarrollado el programa, me dirigí a Amma con cara larga. Estaba seguro de que ella sabía cuánta gente iba a asistir al programa. Le dije que, en esas circunstancias, no debía haberme dejado ir. Ella contestó: "Amma te dijo que dieras *satsang*, no que contases el número de personas presentes. Aunque la gente no fue al templo, el programa estaba siendo retransmitido por los altavoces del templo. Tú no sabes cuánta gente lo estaba oyendo en sus casas. Muchos esperaban escuchar el *satsang*. Tenías que haber comenzado el programa a la hora prevista y haber dado todo el *satsang*".

Amma siguió diciendo: "Si Amma te dice que hagas algo, hazlo sin preocuparte por el resultado". Cuando Amma me dijo esto, me di cuenta del error. Siempre que el *Satgurú* nos diga que hagamos algo, es por que hay un propósito tras ello, aunque no lo veamos claro en ese momento.

Muchos años después, durante una de mis visitas a Colombia, tenía previsto realizar una *Devi Puja* en Bogotá. Hacia el mediodía fui a la sala para ayudar en el montaje. Aunque el acto comenzaba a las seis de la tarde, la gente empezó a acudir a las dos. A las tres ya estaba todo montado y decidí volver a la casa donde me alojaba. Al salir de la sala, vi que ya había una gran multitud dentro. Supuse que esa tarde habría otro acto. Cuando regresé a la sala un poco antes de las seis, me sorprendió ver una larga cola de gente en el exterior. Lo primero que pensé es que había surgido algún problema dentro y que habían pedido que la gente saliera fuera. Pero cuando entré a la sala, vi que estaba abarrotada. La gente hacía cola fuera porque ya no cabían dentro. Pensé que debían haber cometido algún error al anunciar el programa y que todos esperaban que viniese Amma en persona.

De inmediato, hablé con uno de los organizadores del programa y le pregunté si había algún error en el anuncio. Dijo que no y reconoció que él también estaba muy sorprendido por tanta asistencia de público. Empecé a ponerme nervioso; si todas esas personas esperaban ver a Amma, ¿cómo iba a colmar sus expectativas? Sólo podía dar una charla, cantar algunos *bhajans* y realizar la puja. Me sentía incapaz. Empecé a rezar: "Amma, ¿cómo voy a hacer feliz a estas personas? Por mí mismo, no puedo. Sólo con tu gracia, esta gente se sentirá satisfecha con el programa". Después de rezar, comencé según lo previsto. Hablé, canté algunos *bhajans* y realicé la puja. Sin embargo, sentí que no lo hacía yo. Sentí que a través de mí, otra persona dirigía el programa. Aunque me parecieron cinco minutos, el programa duró tres horas. Durante ese tiempo, nadie salió de la sala. Al final, la gente me rodeó. Se apresuraron a tocarme o a tocar los *malas* (rosarios) que llevaba, diciendo que querían absorber la energía espiritual que emanaba de mí. Yo estaba muy sorprendido por su manera de comportarse. ¿Cómo podían sentir eso en mí? Entonces me di cuenta de que era la gracia de Amma.

Cuando le conté el incidente a Amma, ella dijo: "Si te vacías, Amma puede entrar completamente en ti. Como te sentías tan impotente, te entregaste a Amma y eso permitió que su energía fluyera por ti". De ese modo, si realizamos todos nuestros actos con la comprensión espiritual adecuada, podemos llegar a ser un instrumento perfecto para recibir la gracia divina.

Cuando comparo el programa de Bogotá con el que realicé en el pueblo cercano al ashram, me doy cuenta de que Amma me ha ayudado a lo largo de estos años a mejorar mi comprensión de los principios espirituales.

Si no estamos maduros intelectualmente, puede que no sepamos cuál es la acción correcta que tenemos que realizar. Si nos falta madurez mental, es posible que no la encontremos en nuestro interior para llevar a cabo la acción apropiada. Es la madurez espiritual la que nos ayuda a realizar esa acción sin apego por el resultado. De ese modo, la madurez espiritual es la base de todos los demás aspectos del crecimiento. Aunque tengamos madurez intelectual y mental, si estamos apegados al resultado de nuestros actos, nos podemos deprimir y perder el entusiasmo por servir al mundo o por realizar nuestra práctica espiritual. Por eso es tan importante el crecimiento integral.

En vez de crecer sólo físicamente, deberíamos intentar crecer también en los planos mental, intelectual y espiritual. Sólo entonces podremos alcanzar el objetivo de este nacimiento humano.

Capítulo 20

¿Por qué Venus tiene una temperatura más elevada que Mercurio? La importancia de la receptividad

Nuestro objetivo al acudir a Amma no debería ser sólo satisfacer nuestros deseos materiales; eso sería como ir ante un rey que está dispuesto a entregarnos todo su reino y pedirle una zanahoria. Amma está dispuesta a llevarnos hasta el objetivo final de la vida, y no deberíamos conformarnos con menos. Sin embargo, para recibir lo que Amma nos ofrece, tenemos que estar receptivos.

Amma nos guía y nos da constantemente lo que necesitamos, pero nosotros no obtenemos el beneficio total de lo que nos está dando porque nos falta receptividad. La mera cercanía física al Gurú no es suficiente; lo que importa es que seamos receptivos.

En el sistema solar, Mercurio es el planeta más cercano al sol; lógicamente, debería ser también el más caliente. En realidad, el más caliente es Venus. ¿Por qué es así? Hay algo especial en la atmósfera que rodea a Venus que le permite absorber más calor del sol. De la misma forma, no es sólo la proximidad al Gurú lo que cuenta, sino también la receptividad del discípulo.

Si nos falta la receptividad apropiada, no oiremos las palabras del Gurú tal y como las expresa. Nuestras tendencias y puntos de vista propios las teñirán y tergiversarán. Cada persona interpretará las palabras del Gurú a su manera.

Por ejemplo, cuando Amma da *darshan* susurra cosas diferentes a cada persona, tanto en el idioma de esa persona como en malayalam, la lengua nativa de Amma. Por ejemplo, puede que Amma diga: "mon kutta" que significa "querido hijo", o "mutte, mutte, mutte" que significa "mi precioso hijo, mi precioso hijo".

Pero, no importa qué idioma hable Amma; si hay diez personas, todas oirán diez cosas diferentes. Una persona se me acercó y me dijo que Amma le había susurrado: "mañana, mañana, mañana", ya que esperaba tener éxito en su entrevista de trabajo al día siguiente. Otra mujer se sentía culpable por sus malos hábitos, así que, cuando Amma dijo: "hija mía, hija, hija", ella creyó entender "mala, mala, mala". Otro hombre había comprado un racimo de plátanos para ofrecérselo a Amma, pero se lo había dejado en casa. Cuando fue a recibir el *darshan*, Amma le dijo al oído: "ponnu mone, ponnu mone", (que significa "mi amado hijo") pero, de alguna manera, él entendió: "plátano, plátano, plátano". La preocupación mental de cada una de estas personas, no les dejó oír lo que Amma intentaba decirles.

En una ocasión, un anciano de 92 años fue al médico para hacerse una revisión. Unos días más tarde, el médico vio al anciano caminando por la calle con una hermosa joven del brazo. El médico estaba impresionado y le dijo: "¡Vaya! Le va muy bien, ¿no?"

El anciano replicó: "Sólo hago lo que usted me indicó, doctor: 'Búsquese un buen bombón y disfrute a su lado'. ¿No es así?"

El médico le dijo: "¡No! No le dije eso. Le dije: 'Tiene un soplo al corazón, así que tenga cuidado'".

De este modo, nuestras propias preferencias, miedos y deseos ocultan el verdadero significado de las palabras del Maestro.

Si nos encontramos en esta situación, entonces, el Maestro no nos puede ayudar. Para sacar provecho de las palabras del

Maestro, tenemos que estar muy abiertos y receptivos a lo que realmente dice; tan abiertos y receptivos como un niño inocente. Hay una historia sobre cuatro amigos. Tres de ellos siempre se aliaban contra el cuarto cuando discutían. Un día, durante una conversación, el cuarto amigo mencionó un punto de vista muy válido. Como de costumbre, los tres primeros amigos dudaron de su idea con desprecio. El cuarto se sintió tan frustrado que empezó a rezar en voz alta: "¡Oh, Señor! Por favor, envía una señal a mis amigos para que vean que tengo razón". De inmediato, el cielo, que estaba completamente despejado, se cubrió de nubes negras. El cuarto amigo dijo señalando al cielo: "¡Mirad, Dios ha enviado una prueba de que tengo razón!" Los tres amigos se burlaron de él y dijeron que era pura coincidencia. El cuarto se sintió más frustrado todavía y rogó a Dios que enviase una señal más fuerte para convencer a sus amigos. De inmediato, el aire se llenó de truenos y un rayo cruzó el oscuro cielo. El cuarto exclamó feliz: "Ahora, ya no hay ninguna duda. ¡Dios está de mi parte!"

Los tres amigos seguían sin inmutarse y dijeron, encogiéndose de hombros: "Eso no es nada. Donde se acumulan nubes negras, es normal que haya rayos y truenos".

El cuarto amigo, desesperado, le gritó a Dios: "¡Oh, Señor! Por favor, dales una señal indiscutible de que estás conmigo!"

Como respuesta, una profunda voz retumbó desde el cielo: "Debéis escuchar a vuestro amigo. Él tiene razón".

Al oír la voz de Dios, los amigos dijeron: "Vale, Dios está de tu parte. Pero seguimos siendo tres contra dos".

Esta historia ilustra cómo algunas personas se aferran a sus ideas sin importarles lo ridículas o poco prácticas que sean; no están abiertos ni receptivos en absoluto. Aunque la propia Amma les aconseje, seguirán su propio camino. Por eso, Amma dice que es fácil despertar a alguien que está dormido, pero muy difícil despertar a alguien que simula estar dormido. Intentemos no ser como los tres amigos de la historia. Debemos tratar de estar abiertos y receptivos a lo que Amma está intentando enseñarnos. Si pensamos que lo sabemos todo, no podremos aprender nada.

Capítulo 21

Cómo adquirir verdadera devoción

Desarrollar e incrementar l \a devoción por Dios, por nuestro Gurú o nuestra meta espiritual, es muy importante para nuestro progreso espiritual. La devoción al Gurú y la devoción a Dios son una e iguales. Un *Satgurú* es uno con Dios. A pesar de que tenga una forma humana, el *Satgurú* carece del sentimiento de individualidad o de "soy así y he hecho esto y lo otro". El poder universal de Dios actúa a través del *Satgurú*. Por tanto, todo lo que venga del *Satgurú*, proviene de Dios. Cuando Amma o un Mahatma, dicen "yo" (por ejemplo, Krishna dice en la *Bhagavad Gita*: "Yo soy la base de todo"), no se están refiriendo a su cuerpo o a su forma particular, sino a la Conciencia Suprema en la que están establecidos.

Amma dice que, al desarrollar la devoción, debemos asegurarnos de que es *tattva bhakti* o devoción basada en el entendimiento y conocimiento correctos. De lo contrario, nuestra devoción no será firme. Así, sentiremos una gran devoción cuando las cosas nos vayan bien en la vida, pero disminuirá si no sucede así. Cuando nuestra devoción se basa en el conocimiento, rezamos a Dios porque lo amamos y queremos realizar la Verdad. No vemos a Dios como un medio para satisfacer nuestros deseos.

Tattva bhakti significa saber que cualquier cosa que nos ocurra, ya sea buena o mala, es el resultado de nuestros actos pasados en esta vida o en vidas pasadas. Significa comprender que, si nos sucede algo malo, no es por la falta de compasión divina, y que si nos pasan cosas buenas, no significa que Dios nos favorezca. No es así. Todo sucede según el propio *prarabdha* de la persona. En este proceso, Dios es sólo un testigo. Amma dice: "No identifiquéis vuestra devoción con las experiencias que viváis. Todas ellas tienen su origen en vuestros actos pasados. Dios no tiene nada que ver con eso. Él ha establecido una serie de leyes cósmicas. Si las seguís, obtendréis buenas experiencias y, si las transgredís, tendréis las correspondientes experiencias negativas. Por supuesto, hay dificultades que se pueden superar rezando con sinceridad. Sin embargo, hay otras experiencias que no se pueden evitar. En ese caso, debemos pedir la fortaleza necesaria para afrontarlas con una mente ecuánime".

Esto no significa que todo sea culpa de nuestro *prarabdha*. Imaginemos que salgo a la calle y le pego una paliza a alguien. Cuando la policía venga a llevarme a la cárcel, no puedo culpar a mi *prarabdha*. Sé muy bien que no debo pegar a nadie y, que si lo hago, seré castigado. Si he pegado a alguien, ¿cómo puedo responsabilizar a mi *prarabdha* cuando vaya a la cárcel? Eso no es *prarabdha*, sino el resultado inmediato de una acción.

El *prarabdha* es responsable de lo que nos ocurre a pesar de nuestros esfuerzos. Si subimos a un árbol y después saltamos al suelo, sabemos que es muy posible que nos rompamos la pierna. Si, aún así, saltamos y nos la rompemos, no podemos decir que el *prarabdha* nos la rompió. Sin embargo, si no nos la rompemos, podemos decir que es consecuencia de nuestro buen *prarabdha*. En otras palabras, hay algunas normas generales para la vida en la tierra. Si la norma general no se cumple en una situación concreta, podemos pensar que es por nuestro buen *prarabdha*. Pero no podemos responsabilizar al *prarabdha* de todo. Si, a pesar de haber trabajado duro y estudiado seriamente, sacamos una nota baja en el examen, entonces, podemos decir que se debe al *prarabdha*. Si no estudiamos, no podemos culpar al *prarabdha* de nuestras malas notas.

Me acuerdo de un devoto que estuvo muchos años con Amma y ella le concedía experiencias maravillosas. A pesar de eso, no pudo desarrollar una devoción firme por Amma y, al final, dejó de venir a verla. Podemos aprender mucho de esta historia. Cuando Amma empezó a manifestar Krishna *Bhava*, algunas personas reconocieron enseguida la divinidad de Amma. Otros eran muy escépticos. Se cuestionaban cómo Krishna se podía manifestar en un cuerpo humano. Uno de esos escépticos no era ateo, sino devoto de Krishna. Siempre que había una ocasión propicia, como un cumpleaños o una boda, la gente lo invitaba a su casa para que leyera del *Srimad Bhagavatam*, un texto sagrado que describe el juego divino de Krishna.

Sus amigos, que ya habían visto a Amma en Krishna Bhava, le dijeron que fuera a verla, ya que era devoto de Krishna, pero se negó a ir. No estaba dispuesto a creer que Krishna se manifestaría en el cuerpo de esa joven mujer.

Sus amigos insistieron en que fuera a conocer a Amma. Al final aceptó, pero dijo que quería una prueba de que Amma estaba manifestando a Krishna antes de creérselo.

Un día de Krishna Bhava, Amma estaba dando *darshan* a sus devotos en el ashram. De repente, salió del templo y empezó a caminar sin decir a nadie dónde iba. Los devotos se sorprendieron mucho por su súbita partida. Muchas personas, simplemente, la siguieron. Amma continuó andando y andando, caminaba tan rápido que todos tuvieron que correr para mantener su paso.

A pesar de que nunca antes había estado allí y de que nadie le había dicho cómo llegar, Amma fue directamente a la casa del devoto de Krishna. Ella anduvo los siete u ocho kilómetros de distancia hasta la casa. Entró en el cuarto de oración, cogió un recipiente del altar y empezó a comer un poco del pudín que contenía.

El hombre se quedó mudo de asombro al ver a Amma hacer eso. Él solía cocinar pudín todos los días y lo ponía en el cuarto de oración, como ofrenda a Krishna. En ese momento, pudo ver que Amma había venido y aceptaba la ofrenda. Desde entonces, fue muy devoto de Amma.

Más adelante, contó que, aquel día en concreto, cuando puso el pudín en el altar delante de la imagen de Krishna, se dijo a sí mismo que sólo si Amma venía y aceptaba su ofrenda a Krishna, creería que ella era el Señor Krishna.

En otra ocasión, este mismo devoto fue a bañarse a un estanque y, sin darse cuenta, se aventuró en una zona demasiado profunda para él. No sabía nadar y se empezó a ahogar. Por la gracia de Amma, se acordó de ella mientras luchaba por su vida. Comenzó a gritar: "¡Amma, Amma!" De repente, vio a Amma encima de las aguas, justo delante de él. Amma le enseñó cómo mover brazos y piernas para mantenerse a flote y salir. Aunque no creía que iba a poder seguir las instrucciones de Amma, sintió que una fuerza externa movía sus miembros para mantenerse a flote. De esta manera, salvó la vida y, a menudo, relataba estas profundas experiencias a otros.

Este devoto había adoptado a un chico huérfano. Amma permitió al muchacho establecer un pequeño puesto de té dentro del ashram. En aquel tiempo, no había restaurantes ni hoteles cerca del ashram. Como miles de devotos visitaban su puesto de té al ir a ver a Amma, su negocio iba muy bien. Estaba ganando mucho dinero y daba gran parte de él a su padre adoptivo. Al devoto no le hacía falta trabajar gracias al dinero que recibía de su hijo. Ambos estaban muy contentos.

Pasaron algunos años y, cada vez, más gente vino a visitar a Amma. Por lo general, el ashram siempre estaba abarrotado y las instalaciones para alojar al creciente número de devotos no eran suficientes. Amma quería construir más habitaciones para ellos, así como una sala de oración y un comedor. Amma explicó la situación al muchacho y le pidió que pusiera su puesto de té en otro lugar, de modo que el terreno del ashram que él ocupaba se pudiera utilizar para construir las instalaciones para los devotos. El chico le contó a su padre lo que Amma había dicho. Al oírlo, el hombre se enfadó mucho y dijo: "¿Por qué tiene Amma que pedir a mi hijo que traslade su puesto?" Como iba bien el negocio, al hombre no le gustó que Amma quisiera cambiarlo de lugar.

Llegados aquí, hay que decir que, en aquella época, la mayoría de la gente, sobre todo los que vivían en los pueblos cercanos, tenían una concepción de Amma muy distinta de la que tenemos hoy. Ellos sabían que Amma manifestaba *Devi Bhava* y *Krishna Bhava*[6] algunos días de la semana. Creían que, sólo esos días, Amma se podía convertir en Dios, Krishna o Devi. Pensaban que las fuerzas divinas del exterior sólo visitaban a Amma esos días concretos y que, el resto de los días, Amma era un ser humano normal y corriente. Esas eran sus creencias. Entonces, cuando este devoto escuchó lo que Amma había pedido a su hijo, lo primero que preguntó fue: "¿Cuándo dijo Amma eso?" Quería saber si

---

[6] Amma suele dar un *darshan* especial cuando adopta el estado de *Devi*. En esas ocasiones se identifica por completo con Dios bajo la forma de Madre Divina. Antes también solía dar *darshan* en *Krishna Bhava*. En una ocasión, Amma dijo sobre estos *bhavas* (estados) especiales: "Todas las deidades del panteón hindú, que representan los incontables aspectos del único Ser Supremo, existen dentro de nosotros. Quien posea poder divino puede manifestar cualquiera de ellos a voluntad por el bien del mundo. Aquí tenéis a una chica loca que se pone el atuendo de Krishna y, al cabo de un rato, el de Devi; pprque los dos existen dentro de esta muchacha loca. ¿Por qué se adornan los elefantes? ¿Por qué un policía se pone uniforme y gorra? Todas estas ayudas externas tienen un propósito: crear cierta impresión. De igual manera, Amma se viste con el atuendo de Krishna y Devi para fortalecer la actitud devocional de las personas que acuden a recibir el *darshan*".

había sido durante *Devi Bhava* o durante un día "normal". Y siguió diciendo: "Tengo que consultar este asunto a Devi".

Durante el *Devi Bhava* o *Krishna Bhava*, la gente llamaba a Amma, Devi o Krishna. En otras ocasiones, se referían a ella como "*kunju*", que significa "niña", o "*mol*", que significa "hija". También usaban su nombre propio, Sudhamani. Algunos de los *brahmacharis* también pensaban que Amma y Devi eran distintas, pero seguían considerando que Amma era su Gurú. Por eso, los días normales la llamaban Amma, y Devi Amma en *Devi Bhava*. A veces, íbamos a ver a Amma a lo largo del día y no nos hacía caso, porque estaba hablando con otro devoto o sumida en meditación. Cuando ocurría esto, acudíamos a Amma durante el *Devi Bhava* y nos quejábamos: "Devi Amma, Amma ni me ha mirado hoy. Por favor, dile que, en el futuro, me preste más atención". Amma (en *Devi Bhava*) decía: "No te preocupes, hablaré con ella". Como nosotros creíamos que Amma y Devi eran distintas, Amma actuaba como si así fuera.

Por tanto, este devoto vino al *darshan* de *Devi Bhava* y le dijo a Amma: "Devi, ¿es verdad que Kunju le ha dicho a mi hijo que traslade su puesto de té del terreno del ashram?"

Amma le explicó: "Mira, Kunju le pidió a tu hijo que trasladara el puesto, porque el ashram necesita urgentemente espacio. Muchos de los devotos no tienen sitio para descansar. Algunos son mayores y están enfermos, y necesitan un alojamiento adecuado".

Al escuchar las palabras de Amma, el devoto olvidó que estaba hablando con Devi. Se enfadó tanto que salió del ashram inmediatamente, y nunca más volvió a ver a Amma. Su devoción no se basaba en el conocimiento y, por eso, no pudo sacar provecho de todas las maravillosas experiencias que había tenido con Amma. Cuando ella dijo algo que no le gustó, toda su fe y devoción desaparecieron al instante.

Él pensaba que Amma sólo era un medio para que él pudiera satisfacer sus deseos. Amma llama a este tipo de devoción "*bhakti para los negocios*". Este tipo de devoción nunca puede ser firme. Cuando nuestra devoción es así, cada vez que Dios responda a nuestras oraciones, nuestro amor y devoción por Él crecerán y, si consideramos que no las ha respondido, nuestro amor y devoción disminuirán.

Nada de lo que ocurre en la vida afecta a la verdadera devoción. Al leer la historia de la vida de Amma, vemos que su devoción por Dios siempre ha sido constante, sin importar qué experiencias tuviera que atravesar. Desde una temprana edad, Amma sólo recibió insultos y malos tratos de los miembros de su familia, sus vecinos y los habitantes de los pueblos cercanos. Sin embargo, su devoción nunca se tambaleó por esas experiencias adversas. Cada vez que vivía una desgracia, Amma pensaba: "Dios me está dando la oportunidad de adquirir paciencia y resistencia". Esta es la actitud de un verdadero devoto.

Si somos capaces de actuar así, nunca tendremos un motivo para enfadarnos con Dios, aunque nada salga como deseamos. En cambio, aceptaremos las experiencias desagradables como oportunidades para desarrollar cualidades espirituales como la paciencia, la aceptación y la ecuanimidad.

Cuando los *brahmacharis* de Amma cometen errores, Amma es muy estricta con ellos, porque vinieron a Amma con el único objetivo de Realizar a Dios. Por eso, ella quiere que los *brahmacharis* realicen cada acto con ese propósito en su mente. Una vez, cuando un *brahmachari* cometió un error, Amma le dijo: "No te voy a hablar". Al oírlo, se disgustó mucho, pues ese es el peor castigo que podemos recibir de Amma. A veces, no nos afecta que Amma nos amoneste, pero nos duele mucho que no nos hable. Cada mañana, este *brahmachari* intentaba pedir perdón a Amma, pero ella se negaba a escucharlo. De esa manera, pasó más de una semana. Al final, fue demasiado para él. Un día, después del *darshan* de la mañana, este *brahmachari* siguió a Amma muy de cerca mientras ella se dirigía a su habitación. Antes de que se cerrara la puerta, se deslizó dentro sin que Amma se diera cuenta. Cuando Amma cerró la puerta, vio que el *brahmachari* estaba dentro.

Sin decir palabra, Amma lo cogió del brazo y lo acompañó hasta la puerta. El *brahmachari* esperó fuera un rato y, después, bajó las escaleras. Me encontré con él justo cuando se iba y me contó lo sucedido. Entonces, añadió: "Pero no estoy triste. En realidad, estoy muy contento".

"Si Amma no te ha dirigido la palabra todavía, ¿cómo puedes sentirte feliz?" le pregunté.

"Por lo menos, Amma me ha tocado", me contestó. "Aunque me indicó que me fuera, me cogió del brazo, y eso ya me basta".

Más tarde, cuando le conté a Amma lo que el *brahmachari* me había dicho, ella se sintió muy feliz por su comportamiento. Al día siguiente, Amma empezó a hablarle. Le explicó que, en realidad, ella no podía enfadarse con nadie y que sólo había fingido para que fuera consciente de su error.

Cuando sintamos verdadera devoción, nunca criticaremos a Dios ni al Gurú. Para asegurar que nuestra devoción no se tambalee ni se debilite, tiene que estar construida sobre sólidos pilares de conocimiento. Una devoción así de firme, acelerará, sin duda, nuestro crecimiento espiritual y fortalecerá nuestro vínculo con Dios o el Gurú.

Capítulo 22

La visión de las Escrituras

Es muy útil adquirir un conocimiento básico de las Escrituras del Sanatana Dharma, especialmente para un buscador espiritual. Las Escrituras nos proporcionan una visión clara del propósito de la vida humana y los medios para conseguirlo. Conocer las Escrituras también nos ayuda a entender, hasta cierto punto, a los Mahatmas.

Aunque no estudiemos las Escrituras, si observamos atentamente las acciones y palabras del *Satgurú* y seguimos sus enseñanzas sin reservas, alcanzaremos el objetivo espiritual. Como los Mahatmas están establecidos en el Conocimiento Supremo, todo lo que digan equivale a las palabras de las Escrituras. Por eso, a los Mahatmas como Amma se les denomina las "Escrituras vivas".

Cuando decidimos buscar un emblema para el ashram de Amma, los *brahmacharis* hablaron sobre la frase que debíamos seleccionar. Al final, como no nos poníamos de acuerdo, le preguntamos a Amma: "Necesitamos tu ayuda, Amma. Por favor, danos una frase que podamos poner debajo del emblema del ashram". Al principio, dijo: "Elegid la que queráis". Lo intentamos, pero sin llegar a un consenso. Un día, estábamos hablando con Amma y, de repente, dijo: "Hijos, la liberación se puede conseguir mediante la renuncia". Por supuesto, no lo dijo en sánscrito, sino en malayalam pero, inmediatamente, uno de los *brahmacharis* se acordó de una frase de uno de los Upanishads que tenía un significado parecido: "tyagenaike amrtatvamanasuhu". Amma nunca había leído las Escrituras, pero dijo algo que significaba lo mismo que una de sus citas. Ningún autor humano compuso la más antigua de las Escrituras, los textos védicos o Vedas. Éstos les fueron revelados a los antiguos *rishis* o videntes. Los mantras que componen los Vedas ya estaban en la naturaleza en forma de sutiles vibraciones. Los *rishis* alcanzaron un estado tan interiorizado que fueron capaces de percibir esos mantras.

Las ideas que contienen los Vedas se clasifican en dos partes. El *Karma Kanda* (la parte ritual) describe muchos rituales para conseguir deseos concretos. Pongamos por caso que deseáis tener un hijo, disponéis de un ritual para ello. Si queréis ir al cielo, hay otro ritual. Hace mil años la gente también realizaba esos rituales para cumplir sus deseos de manera eficaz. Para conseguir un deseo concreto, hay que realizar muchos ritos. Hay que levantarse de la cama mirando en una dirección concreta, hay que recitar ciertos mantras antes, durante y después de bañarse, otros antes de comer, etc. Además, mientras se realiza el propio ritual, hay que seguir muchos pasos, y cada uno va acompañado de oraciones y mantras concretos. Algunos de esos rituales duran varios días. Además de ser efectivos para cumplir un deseo particular, esos mantras también tienen un efecto sutil y positivo en la persona que los recita. Cuando una persona realiza uno de esos rituales, la mente se va purificando y se sintoniza más con Dios. Bajo esta influencia positiva, es posible que esa persona se convierta en un buscador espiritual. El *Karma Kanda* ayuda a la gente corriente a satisfacer deseos normales, a la vez que despierta en ellos el interés por la espiritualidad.

La segunda parte de los Vedas se llama *Jnana Kanda* (parte del conocimiento o parte que contiene el conocimiento). Esta parte de los Vedas se centra exclusivamente en *Brahman*, la Verdad Absoluta. Comparada con la parte ritual, que cuenta con miles de páginas, *Jnana Kanda* es muy corta. Esto quiere decir que deseos hay muchos, pero que la Verdad, que es la base de todo lo demás, sólo es una.

Aunque Amma es una Maestra Auto-Realizada, la mayoría de la gente no le pide conocimiento espiritual. En cambio, acudimos a Amma con nuestros problemas y preocupaciones cotidianos. Imaginemos que no he sacado sobresalientes en los exámenes y he obtenido un notable alto. Para mí, era muy importante esa nota porque quería ser el primero de la clase. En realidad, mi vida no se va a ver afectada porque me haya quedado el segundo pero, si comparto mi dolor con Amma, ella me expresará su comprensión, me animará y bendecirá para el futuro.

A veces, la gente viene a ver a Amma para contarle que su vaca no da bastante leche y pedirle que la bendiga para que dé más leche. Puede que otra persona le diga: "Amma, no hay agua en mi pozo; por favor, ayúdame". Ella les dará un poco de *vibhuti* (ceniza sagrada) para que la echen en la comida de la vaca o en el pozo. Aunque sean cosas muy banales desde el punto de vista de un alma que ha realizado a Dios, Amma sabe que esos problemas son muy reales para esas personas, y pone mucho interés en escucharlos y buscar una solución.

Imaginemos que la primera vez que conocimos a Amma nos hubiera dicho: "Todo lo que deseas es *mithya* (transitorio). Sólo Dios es inmutable. Pide sólo realizar a Dios, pues yo puedo ayudarte a conseguirlo". La mayoría habríamos salido corriendo. Todos tenemos muchos deseos y queremos que se cumplan. Mientras seguimos acudiendo a Amma para satisfacer nuestros deseos, su amor incondicional y energía espiritual también nos influyen de un modo sutil. Poco a poco, nos interesaremos por la espiritualidad. De ese modo, vemos que Amma es, en efecto, la Escritura viva; se presenta igual que los Vedas. A aquellos que quieren sólo el conocimiento de la Verdad Suprema, ella los ayudará a conseguirlo. A los que tienen deseos materiales, los ayuda a alcanzarlos (siempre que sus objetivos sean virtuosos o rectos).

Amma dice que, para obtener el máximo partido de las Escrituras, debemos realizar las tareas que nos indican. No basta con leer las Escrituras como se lee el periódico. Debemos ser capaces de cumplir con los deberes y responsabilidades que las Escrituras nos señalan. No siempre es agradable cumplir con nuestros deberes, porque a todos nos gustan unas cosas y otras no. Con todo, las Escrituras insisten en que tenemos que desempeñar nuestros deberes y responsabilidades. ¿Qué beneficio obtenemos al seguir estas directrices? Cuando realizamos con exactitud lo que las Escrituras o el Gurú nos exigen, trascendemos, poco a poco, lo que nos gusta y lo que no.

Los Vedas nos dicen: "*Satyam vada*", que significa "Di siempre la verdad". Puede que no deseemos decir la verdad en todo momento pero, si queremos seguir las enseñanzas de los Vedas, intentaremos decir la verdad aunque no siempre nos apetezca. De este modo, podremos superar nuestra tendencia a mentir cuando nos conviene.

Por lo general, evitamos hacer las cosas que no nos gustan o que pensamos que no nos gustan. Pero si nos falta el entendimiento apropiado, dejaremos de hacer aquello que es útil para nosotros. Seguir las enseñanzas de las Escrituras siempre nos beneficiará.

Las Escrituras clasifican todos los actos posibles en cinco tipos y, en relación con cada uno de ellos, nos dan diferentes directrices.

El primer tipo de actos se llama *kamya karma*, es decir, los actos que llevamos a cabo para satisfacer nuestros numerosos deseos. Las Escrituras no prohíben este tipo de actos, pero nos recuerdan que actuar de ese modo no nos conduce al objetivo final de la Auto-Realización. (Los rituales que se recogen en Karma Kanda pertenecen a esta categoría de *kamya karma*).

Por lo que respecta a *kamya karma*, Amma dice que no hay nada malo en realizar actos para satisfacer nuestros deseos, con tal de que esos actos sean honrados, pero que debemos comprender que esos deseos no nos darán la felicidad duradera y que, a lo mejor, no es posible conseguir todo lo que deseemos. Al segundo tipo de actos se le llama *nitya karma*. *Nitya karma* se refiere a nuestras actividades cotidianas y a los actos que se supone que hacemos todos los días. Incluso para acciones cotidianas, como cepillarnos los dientes, bañarnos y comer, se prescriben mantras específicos que nos recuerdan que no realizamos esas acciones por nuestro propio poder, sino por el poder de *Brahman*, que sostiene todo el universo. Pensar de ese modo también nos ayudará a recordar el objetivo espiritual de la vida. Para aquellos que tienen un Gurú, seguir sus instrucciones en la práctica diaria es su *nitya karma*. Amma recomienda que recitemos nuestro mantra y meditemos todos los días. Las personas con devoción también pueden recitar los 108 ó los 1000 nombres de la Madre Divina, o bien los del dios o diosa de su devoción.

Los actos que se llevan a cabo en ocasiones especiales se llaman *naimithika karma*. Hay una ceremonia especial cuando se le da un nombre a un recién nacido, otra cuando se le da comida sólida por primera vez, otra en su primer cumpleaños, etc. Se supone que cada año tenemos que ofrecer oblaciones a las almas que partieron, a nuestros antepasados. Y, cada año, los Brahmines realizan una ceremonia en la que se deshacen del viejo hilo sagrado y se ponen uno nuevo. Hay muchos rituales de este tipo para realizar en ocasiones específicas, estos son sólo unos pocos ejemplos.

Amma nos pide que ayudemos y sirvamos a los demás siempre que podamos. Incluso dice que, si no tenemos una oportunidad de servir, debemos crearla. Por supuesto, puede que no consigamos oportunidades para servir a los demás todos los días pero, si hacemos un esfuerzo, seguro que encontramos maneras de ayudar a los demás. Podemos visitar hospitales, residencias de ancianos, orfanatos o centros parecidos, cada cierto tiempo, y ayudar en lo que haga falta.

Además, mucha gente no tiene la oportunidad de recitar la *archana* en grupo todos los días. En ese caso, pueden reunirse con otros devotos una vez a la semana o al mes para participar en la *archana*, meditación y *bhajans* grupales. Este tipo de *satsang*, junto con el servicio desinteresado, se considera el *naimithika karma* de los hijos de Amma.

Por otro lado, hay actos (*nishiddha karma*) que nunca deben realizarse. Las Escrituras nos dicen que no mintamos, no robemos, no hagamos daño a otros ni los odiemos, que no engañemos y no hablemos mal de los demás. Y, sin embargo, si analizamos nuestra vida, descubriremos que hacemos algunas de esas acciones prohibidas, al menos, de vez en cuando. Eso significa que estamos reforzando esas tendencias y recibimos sus vibraciones negativas, en lugar de obtener las vibraciones buenas y positivas que se derivan de cumplir con los deberes prescritos por las Escrituras. Esa negatividad supone, a su vez, un obstáculo en nuestra práctica espiritual.

Amma deja muy claro que, cuando nuestras intenciones hacia una persona sean malas, recordemos que Amma también está en esa persona; o cuando nos enfademos con alguien, recordemos algo bueno que esta persona hizo por nosotros en el pasado. Amma nos sugiere esto para evitar las *nishiddha karma*, las acciones que las Escrituras prohíben.

Por último, hay actos reparadores que podemos llevar a cabo para anular o reducir los efectos negativos de aquellas acciones perjudiciales que hemos hecho intencionadamente. A estos actos reparadores se les denomina *prayaschitta karma*.

Las Escrituras describen distintas clases de *prayaschitta karma*, dependiendo del tipo y grado de la acción que causó dolor. Estas incluyen ciertos rituales y prácticas, así como destinar determinadas cosas a obras caritativas. También es posible reducir o eliminar los efectos de las acciones perjudiciales que hemos realizado mediante *tapas* (austeridades), ya sea bajo la guía del Gurú o por la gracia de Dios.

Hay muchos casos de devotos cuya carta astrológica les predecía una tragedia en un momento dado de su vida. Por supuesto que ese incidente formaba parte de su destino, provocado por alguna acción negativa que hicieron en esta vida o en una anterior. En esos casos, Amma prescribía cosas concretas, como ayunar u observar un voto de silencio un día concreto de la semana durante un número determinado de meses o años. Cuando el devoto realizaba el *prayaschitta karma* fielmente, tal y como Amma le decía, se evitaba el desastre.

Las Escrituras nos piden también que realicemos *panchamahayagna* (los cinco sacrificios). Cuando escuchamos la palabra sacrificio, pensamos en matar a un animal como ofrenda a Dios. En realidad, en el *Sanatana Dharma*, sacrificio no tiene nada que ver con matar. En ese contexto, sacrificio significa compartir. Sacrificamos nuestra comodidad y deseos egoístas para desarrollar el espíritu de compartir con uno y con todos: ya sean seres humanos, animales o plantas. Esto contribuye a mantener la armonía en la naturaleza y en el universo.

Todos matamos seres vivos, queriendo y sin querer. Cuando caminamos, matamos insectos u otros pequeños seres vivos sin que nos percatemos de ello. Del mismo modo, en la corteza de los troncos de leña, hay muchos insectos. Cuando usamos la leña para cocinar o calentar nuestra casa, mueren muchos insectos. Cuando se nos posa un mosquito, lo matamos. Después de conducir por una autopista, el parabrisas está lleno de insectos muertos. Incluso puede que atropellemos a un ciervo u otro animal. Hemos matado muchas criaturas a lo largo de nuestra vida sin pretenderlo. Por eso, las Escrituras nos ofrecen cinco tipos de *yagnas* diferentes, que podemos realizar para anular los efectos negativos de las acciones perjudiciales que hemos hecho sin querer y para expresar nuestra gratitud a Dios, a los cinco elementos, a otros seres humanos, a los animales y a nuestros antepasados. Nuestra vida es sólo posible gracias a la ayuda que recibimos de esas cinco fuentes.

El primer *yagna* que las Escrituras prescriben es el *Brahma yagna*, que consiste en aprender (mediante el estudio de las Escrituras), sobre *Brahman* o Dios, y enseñar a otros lo que hemos aprendido. El *Brahma yagna* se sugiere como expresión de gratitud a *Brahman* o Dios. Como *Brahman* es la fuente de todo, le debemos a Él nuestra existencia. No es por Dios por quien realizamos este *yagna*, sino porque recordar que dependemos de Dios nos ayuda a fomentar la humildad y a mantener la armonía en la sociedad, al compartir los valores morales y espirituales que se recogen en las Escrituras. En realidad, Dios no quiere ni necesita que lo veneremos. Él es pleno y perfecto. Amma dice que el sol no necesita la ayuda de una vela. Si el sol da luz al mundo entero, ¿de qué le sirve una vela al sol? De la misma forma, Dios no necesita de nuestra adoración. Le rendimos culto por nuestro propio beneficio.

Antiguamente, sólo los brahmines (casta sacerdotal) estaban autorizados a realizar este *yagna*, porque se suponía que sólo ellos estudiaban las Escrituras. Sin embargo, muchos hijos de Amma realizan este *yagna* todos los días. Cuando nos encontramos con los amigos, solemos hablarles de Amma. Como Amma es una con Dios, al hablar de Amma, en realidad, estamos hablando de Dios.

El siguiente *yagna* que las Escrituras nos piden que hagamos es *pitr yagna*, o los rituales para nuestros difuntos. En la India, la manera más común de llevar a cabo este *yagna* es ofrecer una bola de arroz (o de otro alimento básico) a los cuervos, con el convencimiento de que nuestros antepasados se beneficiarán de nuestras oraciones y se nutrirán con la comida que les hemos ofrecido. Podemos pensar que es una tontería ofrecer comida a una persona muerta, ya que no puede comer. Según los Vedas, las almas de los difuntos existen en un plano intermedio llamado *pitr loka* (el mundo de los difuntos) hasta que adoptan un nuevo cuerpo. Mientras están en este plano intermedio, tienen hambre y sed, pero no pueden consumir nada sin ayuda. Las vibraciones sutiles de la comida que les ofrecemos son el alimento para su cuerpo sutil. Nuestras oraciones aumentan su progreso espiritual y les ayudan a alcanzar un nacimiento más elevado.

El *pitr yagna*, con todos los rituales descritos en los Vedas, se realiza, por lo general, sólo una vez al año. En algunas familias muy ortodoxas, hacen este ritual cada mes. Pero es suficiente con una vez al año. Cuando Amma realiza la *Devi Puja* o *Atma Puja*, nos pide que recemos por la paz de nuestros difuntos. De ese modo, también cumplimos con este *yagna*.

El tercero es *deva yagna*. En la tradición de *Sanatana Dharma*, hay deidades que se asocian con cada uno de los elementos y aspectos de la creación, como la tierra, el aire, el habla, la acción, la mente, la inteligencia, etc. Así como la misma electricidad alimenta varios aparatos eléctricos, todas esas deidades se consideran aspectos diferentes de un Dios. Aunque Dios sea sólo uno, para hacer frente a las necesidades cotidianas, ese poder se hace asequible a nuestra mente mediante varios nombres y formas. Cada una de ellas tiene una expresión distinta.

Los *devas* que se veneran en el *deva yagna* son las deidades que presiden las fuerzas naturales. La naturaleza nos ofrece gratis el aire, el agua, la luz y la tierra. Tal vez tengamos que pagar al gobierno por el agua y la electricidad, pero la naturaleza no nos cobra nada. Como estamos en deuda con estas fuerzas naturales, tenemos que expresar nuestra gratitud a las deidades que las presiden a través del *deva yagna*.

Al comienzo de la *Devi Puja*, Amma realiza el *deva yagna* en nuestro nombre. Incorporando los cinco elementos, ella coge el recipiente que contiene agua pura, la santifica con ceniza sagrada (que representa la tierra) y ondea alcanfor ardiendo (que representa el fuego) mientras hace sonar una campanilla (el sonido que representa el espacio). Después, sopla (representando al aire) en el agua y transmite su *prana shakti* (fuerza vital).

El cuarto *yagna* se denomina *bhuta yagna*. Es el servicio que prestamos a otros seres vivos. En la India, se cuida mucho a las vacas porque se las considera sagradas. Del mismo modo, el *tulasi* (la planta de la albahaca) se considera sagrada y los devotos fervientes le presentan sus respetos todos los días. En muchas casas de occidente, tienen como mascotas uno o dos gatos o un perro. Es obvio que no podemos ayudar a todos los animales, pero cualquier ayuda que prestemos a un animal o planta con los que entremos en contacto, es suficiente. Las Escrituras dicen que, aunque no tengamos un animal en casa, basta con alimentar a otros animales como pájaros, ciervos, ganado o ardillas, o regar una planta o cuidar un árbol. Muchos animales desempeñan un papel importante y hacen que nuestra vida sea posible. Cuidar uno o dos animales, atender pájaros abandonados o heridos, o trabajar para proteger especies en peligro de extinción, son varias maneras por las que podemos mostrar nuestro agradecimiento y saldar nuestra deuda con otros seres vivos. La iniciativa Green-Friends (amigos verdes) de Amma, proporciona una oportunidad a sus hijos para realizar el *bhuta yagna*.

Por último, está *nara yagna* o servicio a nuestros semejantes. Cada vez que veamos que alguien necesita ayuda, debemos ayudarlo sin esperar nada a cambio. Si os encontráis con una persona mayor que tiene problemas para cruzar la carretera, ayudadla a cruzar. El espíritu de *yagna* es el de sacrificio o altruismo. Cualquier acción que realicemos sin esperar nada a cambio es un *yagna*.

Cuando ayudo a una persona y no espero una recompensa por mi ayuda, eso supone un verdadero sacrificio, un *yagna*. Muchos de los hijos de Amma apoyan sus actividades humanitarias de una manera u otra. Cuando donamos dinero u ofrecemos otro tipo de asistencia a las obras benéficas de Amma, como trabajo voluntario en su proyecto de construcción de viviendas en la India (*Amrita Kuteeram*) o en su proyecto para alimentar a los pobres (en Estados Unidos se llama Mother's Kitchen, "la cocina de la Madre"), o en cualquiera de los numerosos proyectos que Amma ha emprendido para aliviar el sufrimiento de los pobres y necesitados, realizamos *nara yagna*.

El propósito de todas estas actividades no es sólo cumplir con lo que las Escrituras nos dicen, pues todos estos *yagnas* son para nuestro propio beneficio. Cuando cumplimos con nuestro deber sinceramente, nos expandimos más, crecemos espiritualmente. Si hacemos estas acciones por obligación, lo mismo que cuando vamos al trabajo, simplemente porque tenemos que ir, no obtendremos el máximo partido de ellas. Amma nos pone un buen ejemplo para ilustrar esta cuestión. A menudo, cuando alguien dona algo a un templo, a una obra de caridad o a una organización espiritual, quiere que los demás sepan quién hizo la donación. A este respecto, Amma contó un chiste: Si alguien dona un tubo de luz fluorescente, escriben "donado por tal y tal" en el tubo, de forma que sólo nos llega la mitad de la luz al estar la mitad del fluorescente cubierto con la inscripción. Este tipo de donación se hace con intención de ayudar, por supuesto, pero también, por fama. En esos casos, la persona dona algo al templo pensando que es un acto de adoración, pero no comprenden cuál es el verdadero espíritu del culto. Cuando damos dinero para una causa humanitaria o caritativa, deberíamos pensar que fue Dios el que nos dio ese dinero, y que ahora se lo estamos devolviendo.

Cualquier cosa que el Maestro nos aconseje o diga que hagamos está en perfecto acuerdo con las Escrituras. Hemos visto que Amma ha dado instrucciones muy claras sobre los cinco tipos de actos y los cinco grandes sacrificios, que coinciden con los preceptos de las Escrituras. No debemos preocuparnos si no recordamos los cinco tipos de actos o si no podemos memorizar los cinco grandes sacrificios. Las Escrituras dicen que seguir las enseñanzas de un Maestro sinceramente, compensa cualquier error o falta que cometamos respecto a las enseñanzas de las Escrituras.

Por supuesto que el conocimiento de las Escrituras no basta por sí solo. Amma dice que necesitamos la visión de las Escrituras y la fuerza de la práctica espiritual para eliminar nuestra negatividad y aferrarnos firmemente a Dios.

Capítulo 23

La espiritualidad en acción

Adorar a Dios no es algo que se tenga que hacer a ciertas horas o en días concretos. De la misma manera, la *sadhana* (práctica espiritual) no se limita sólo a meditar y cantar. Como Amma dice, cada uno de los actos de nuestra vida debería ser una *sadhana*. De lo contrario, nuestra práctica espiritual quedará reducida a la meditación de la mañana o a las oraciones de la tarde. En el caso de Amma, incluso los juegos que de pequeña realizaba con sus amigos, eran *sadhana*. A los seis o siete años, Amma solía jugar en los canales con sus amigos. Jugaban a ver quién aguantaba más tiempo sin respirar bajo el agua. Ganaba el que más aguantaba. Amma se metía en el agua con la firme promesa de que sólo saldría a la superficie después de recitar su mantra un número específico de veces, tal vez 100 ó 150. En ocasiones, permanecía bajo el agua más de dos minutos. Los otros niños se asustaban pensando que Amma se había ahogado. Visto desde fuera, puede parecer que Amma sólo intentaba ganar. Pero, en realidad, jugando realizaba su práctica espiritual.

También solían jugar al escondite. A veces, Amma se subía a lo alto de un árbol para que los otros no la vieran. Entonces, se imaginaba que era Krishna y que todos sus amigos eran los amigos de infancia de Krishna, las *gopis* (lecheras) y los *gopas* (pastores). Mediante este juego, ella también recordaba a Dios.

En el pueblo donde Amma creció, nadie tenía agua corriente en casa. Todo el mundo dependía de las pocas fuentes públicas que había. Y, en aquella época, ni siquiera tenían una bomba con la que sacar el agua. En vez de eso, dependían de un molino de viento sujeto al pozo. Cuando soplaba el viento, la rueda giraba y se podía sacar agua de la fuente. Pero si el viento no soplaba, no quedaba más remedio que esperar. Cuando esto ocurría, los vecinos del pueblo que hacían cola en el pozo, se inquietaban e impacientaban, iban de un lado para otro e, incluso, maldecían en voz alta. Sólo Amma, que estaba allí para coger agua para toda su familia, permanecía en calma. Aprovechaba esa oportunidad para recordar a Dios: cerraba los ojos y, en silencio, recitaba su mantra. Su actitud transformaba todo lo que hacía en práctica espiritual.

Por supuesto que, en realidad, Amma no necesitaba hacer *sadhana*, ya que nació iluminada. Sólo actuaba de ese modo para servir de ejemplo a los demás. Si practicamos así, en vez de hacer sólo una o dos horas de *sadhana* diaria, la mayoría de nuestras actividades cotidianas se pueden convertir en *sadhana*.

Hay un devoto que a menudo viene a Amritapuri. Siempre que viene, se ofrece para ayudar a limpiar los terrenos del ashram. Cuando Amma acaba de dar *darshan* a una gran multitud de personas, el suelo está cubierto de envoltorios de plástico de los caramelos que Amma da como *prasad*. Este devoto se pasa horas recogiendo a mano cada envoltorio. En una ocasión, otro devoto lo vio y le ofreció una escoba, diciéndole: "¿Por qué no utiliza una escoba? Así lo hará más rápido". El primer devoto le sonrió amablemente y rechazó el ofrecimiento. "Cuando veo estos envoltorios en el suelo, no los considero basura. Son *prasad* de Amma. Amma ha tenido cada uno de ellos en sus manos. Cuando pienso eso, no los puedo barrer. No me importa pasar horas recogiéndolos. Al hacerlo, recuerdo que Amma ha tocado y bendecido cada uno de ellos".

Amma dice que cualquier cosa que digamos, hagamos o pensemos es espiritualidad, si lo hacemos de una manera correcta.

Si comparamos lo que dura nuestra vida con la duración del universo, nuestra vida es muy corta. No deberíamos confiarnos pensando que tenemos 60 u 80 años para hacer *sadhana* y alcanzar nuestro objetivo. De hecho, no tenemos tanto tiempo. De esos 60 u 80 años, pasamos casi un tercio durmiendo. Por lo tanto, de 80 años, pasamos casi 27 durmiendo. Más de 25 los pasamos en juegos de infancia y actividades de juventud. La mayoría de la gente trabaja ocho horas diarias durante 40 años, es decir, 13 años más en los que apenas podemos realizar práctica espiritual. Después, hacia el final de nuestra vida nos encontramos tan débiles que no somos capaces de realizar muchas horas de *sadhana*, lo que suponen otros 10 años. Eso significa que, aunque viviéramos 80 años, en realidad sólo tenemos cinco para hacer prácticas espirituales. Incluso en esos años, tendremos muchos problemas y distracciones. Por eso es tan importante que aprendamos a transformar nuestras acciones en *sadhana*. Tanto en el caso de que estemos cuidando una esposa y unos hijos, como si estamos trabajando, deberíamos tratar de hacer esas acciones con la actitud de que son una *sadhana*. Hasta nuestros problemas pueden convertirse en *sadhana* si, en la adversidad, nos acordamos de Dios. Por eso Amma dice que todas las dificultades que tuvo en la vida fueron sus gurús.

La manera más fácil de convertir nuestros actos en *sadhana* es realizarlos con un espíritu de adoración. Eso significa esforzarnos por hacerlo de la mejor manera posible y colocar el resultado a los pies de Dios. Cuando actuemos con esta comprensión, sabremos que hemos hecho todo lo posible y que el resultado está en manos de Dios.

Las Escrituras dicen que si colocamos todo lo que hacemos a los pies de Dios, no estaremos atados kármicamente al resultado de la acción. De lo contrario, tendremos que experimentar la reacción o el resultado. Por ejemplo, si hacemos daño a alguien o robamos algo, el resultado natural es acabar en la cárcel. Si conseguimos escapar de ese castigo en esta vida, seguro que nos llegará en un futuro nacimiento. Esa es la razón por la que vemos sufrir a tantas personas. Es posible que no hayan hecho nada malo en esta vida y, sin embargo, les suceden muchas desgracias. Es debido a las acciones que realizaron en nacimientos anteriores. Simplemente, están experimentando el resultado de sus propios actos.

La vida presente es una continuación de nuestras vidas pasadas. Un día, bien en el presente o en el futuro, tendremos que vivir las consecuencias que todavía no hemos experimentado de los actos pasados. Por ejemplo, algunas personas nacen en circunstancias muy difíciles. Alguien que nace en una situación dolorosa debe haber hecho daño a otra persona en una vida anterior. De lo contrario, tendríamos que decir que Dios es cruel. Por supuesto, eso no quiere decir que quien esté teniendo muchas dificultades en la vida deba sentirse culpable por haber hecho algo malo en una vida anterior. Todos hemos vivido muchas vidas en esta tierra y hemos hecho daño; por eso, en consecuencia, sufrimos. Hasta que realicemos nuestro Verdadero Ser, no seremos infalibles.

En verdad, Dios es imparcial. Cualquier acción que hagamos nos vuelve como reacción. Esa es la ley del karma. Cuando realizamos una acción con la actitud de "yo estoy haciendo", el resultado, ya sea bueno o malo, vuelve de manera natural a nosotros. No va a nuestro vecino. Cada uno tenemos una deuda kármica que saldar. Por supuesto, Mahatmas como Amma pueden aliviar nuestro sufrimiento eliminando o reduciendo el problema, o dándonos la fortaleza necesaria para resistir. Lo más importante es que hagamos todo lo posible para no crear más *prarabdha* negativo. Por eso, Amma siempre nos recuerda que tengamos mucho cuidado con lo que pensamos, decimos o hacemos. Son nuestros pensamientos, palabras y acciones presentes las que determinarán las experiencias futuras. Si estáis sufriendo mucho en esta vida, pensad que estáis agotando gran parte de vuestro *prarabdha*. La vida de cada ser vivo es una lucha constante por reducir el dolor y aumentar la felicidad. En nuestro afán por conseguir la felicidad personal, es posible que, a veces, hagamos daño o causemos dolor a otras personas, tanto queriendo como sin querer. Todo ser vivo está rodeado de un aura, una sutil capa en la que se graban todos nuestros pensamientos, palabras y acciones. Traemos esta aura cuando nacemos y nos acompañará después de morir. Cada vez que hacemos daño a otros de manera intencionada, queda grabado en nuestra aura y, a su debido tiempo, nos acarreará alguna desgracia y sufrimiento. Por otro lado, llevar paz y alegría a los demás, nos aportará, sin duda, más felicidad y bendiciones. De nuevo, es la ley del karma. Debido a esta ley, nuestra vida pasa como un péndulo, oscilando entre el dolor y el placer.

Un aspirante espiritual que quiera liberarse del ciclo de nacimientos y muertes debe aprender a realizar cada acción como una ofrenda a Dios. Para un aspirante espiritual, hasta las consecuencias de una buena acción le atarán, si tiene apego al resultado. Es como si estuviera sujeto por una cadena de oro. Ya sea de oro o de hierro, estamos atados. Aunque sólo hayamos realizado buenas acciones, si estamos apegados al resultado, tendremos que pasar por otro nacimiento para experimentar esos buenos resultados. Tanto las buenas como las malas acciones nos esclavizarán si las realizamos con ego, con la actitud de "yo estoy haciendo". Si queremos liberarnos de estas ataduras, debemos hacerlo todo con un espíritu de adoración y entrega.

Está claro que sólo podemos ofrecer buenas acciones al Señor. No podemos cometer un asesinato u otro delito y pensar que, si le ofrecemos esa acción a Dios, vamos a escapar de las consecuencias de nuestros actos. Si actuamos mal deliberadamente, tendremos que vivir las consecuencias.

Hacer una ofrenda al Señor sin expectativas es verdadera adoración. Si esperamos algo a cambio, ya no es verdadera adoración. Es como una transacción económica; como hacer negocios. Cuando nuestros actos son una adoración a Dios, aceptamos el resultado como un regalo de Dios. No nos enfadamos con el resultado, sea el que sea; lo aceptamos porque viene de Dios. En general, si lo que hacemos no produce el resultado previsto, nos disgustamos o deprimimos. Sin embargo, si tenemos una actitud de entrega y aceptación, y el resultado no es el que esperábamos, no nos enfadaremos. La actitud adecuada es: "De acuerdo, Señor, Tú me diste el poder y la energía para hacer esto. Ahora, ya lo he hecho y lo entrego a tus pies. No pido nada más. Sea cual sea tu voluntad, ayúdame a aceptarla". Si pensamos de este modo, podremos asumir los altibajos de la vida con ecuanimidad.

En el *Bhagavad Gita*, el Señor Krishna dice:

karmaṇy evādhikāras te mā phaleṣu kadācana

Sólo tú tienes control sobre tus actos,
No sobre sus frutos (resultados). (2.47)

Esto no quiere decir que el Señor espera que trabajemos sin recibir una remuneración a cambio. En realidad, aquí Krishna explica una de las leyes básicas de la naturaleza, tan impersonal como las leyes de Newton sobre el movimiento. Krishna dice, simplemente, que no tenemos el control total sobre todos los factores que influyen en el resultado de nuestras acciones. Por lo tanto, los resultados no serán los que pensábamos que debían ser. La inteligencia universal, también llamada Dios, determina el resultado.

Amma pone un hermoso ejemplo sobre esto. Imaginad que tenemos un puñado de semillas en la mano y que rezamos con fervor a Dios para que germinen. Aunque Dios sea omnipotente y nuestras oraciones sinceras, las semillas no van a brotar si se quedan en nuestra mano. Para que germinen, tenemos que plantarlas en tierra fértil. Sólo entonces hay una posibilidad de que crezcan. Sin embargo, ¿tenemos garantías de que todas las semillas se conviertan en plantas o de que todas las plantas vayan a producir lo mismo? Los resultados no se pueden predecir porque dependen de muchos factores que van más allá de nuestro control. Tenemos derecho a plantar semillas; eso es todo. Cuando el Señor dice que debemos concentrarnos en la acción y dejar el resultado en manos de Dios, nos está dando un consejo muy práctico.

Entregarse es una manera positiva de vivir; no tiene que ver con el pesimismo ni con el fatalismo. Cuando cultivamos una actitud de entrega y aceptación, conservamos nuestra energía. En la actualidad, cuando algo va mal en la vida, tendemos a darle vueltas en la cabeza. De ese modo, malgastamos mucha energía y tiempo. Si aceptamos lo que viene con una actitud positiva, pensando que es la voluntad de Amma o de Dios, podemos usar nuestro tiempo y energía de manera creativa.

Como hijos de Amma, nos resultará fácil desarrollar una actitud de entrega y aceptación. Si tenemos alguna duda o preocupación, podemos pedir a Amma que nos aconseje y ayude. Sin un Maestro vivo, es mucho más difícil mantener esta actitud ya que no es posible conseguir consejo directamente de Dios. Por supuesto que Dios siempre está ahí para nosotros, pero no siempre estamos lo bastante receptivos para recibir la guía de Dios. En situaciones así, un Maestro vivo, que ha bajado a nuestro nivel, es una gran bendición.

Hay varias razones por las que las Escrituras dicen que no debemos preocuparnos demasiado por el resultado de nuestros actos. Una de ellas, es que podemos perder la inspiración y el entusiasmo. Si nos centramos demasiado en el resultado, nos ponemos tensos y, a veces, perdemos energía para seguir esforzándonos.

Después de licenciarme en la universidad, solicité un trabajo en una compañía farmacéutica y me llamaron para una entrevista. El directivo que me estaba entrevistando me hacía unas preguntas muy fáciles de responder. Yo no sabía por qué me hacían preguntas tan sencillas. Había esperado preguntas difíciles, ya que era un trabajo muy atractivo. Sin embargo, las preguntas eran muy directas y pensé que, tal vez, ya le habían dado el trabajo a otro candidato y mi entrevista era una mera formalidad. Pensar que tal vez no conseguiría el trabajo, me alteró.

De repente, el entrevistador me hizo una pregunta inesperada: "¿A qué lado tienen las ranas el corazón? ¿A la izquierda o a la derecha?" Así de simple. Yo había diseccionado muchas ranas en mis clases de zoología y había estudiado su sistema vascular, por lo que sabía perfectamente en qué lado tienen el corazón. Sin embargo, en ese momento, mi mente se encontraba dividida, preocupada porque alguien podía haber conseguido el puesto. Estaba pensando en cuál sería mi próximo plan si no conseguía el trabajo y, cuando el entrevistador me hizo la pregunta, me equivoqué: "Está a la izquierda". No hace falta decir que no me dieron el trabajo.

¿Por qué no respondí a una pregunta tan sencilla? No pude responder bien porque estaba demasiado preocupado por el resultado de la entrevista. A menudo, hacemos un trabajo mal porque nos centramos más en el resultado que en la tarea que tenemos entre manos. Por eso, Amma siempre nos dice que nos concentremos más en lo que estamos haciendo en ese momento que en el resultado. Si ponemos más cuidado y atención al hacer las cosas, lo demás vendrá solo.

Cada vez que nos encontremos en una circunstancia que no controlemos, debemos intentar ver la situación como una oportunidad que nos da Dios, y tratar de ser sinceros con aquello de lo que somos responsables. De ese modo, estaremos adorando a Dios.

Por ejemplo, tenemos que cuidar bien de nuestros hijos. Es nuestra obligación. Si los niños no nos corresponden al amor que les damos, no tenemos que enfadarnos con ellos. Debemos centrarnos en cumplir con nuestro deber, no en el resultado. Ese es el espíritu apropiado de la adoración.

Imaginad que yo quiero vivir con Amma en su ashram de la India, pero que no puedo ir porque tengo muchas responsabilidades familiares. Hay mucha gente así. A ellos, Amma les dice: "Cumplid con cualquier deber que tengáis con vuestra familia como si fuera un acto de adoración, pensando que Amma os dio esa familia y la responsabilidad de cuidar de ellos. Eso es tan válido como adorar a Amma".

Hace muchos años, cuando trabajaba en un banco, quería dejar el trabajo para estar en el ashram a todas horas, pero no podía porque tenía compromisos económicos con mi familia. Pensaba que perdía el tiempo en el banco, pero Amma me dijo: "No deberías actuar así. Intenta amar tu trabajo. Cuando los clientes se acerquen a ti, piensa que soy yo quien te los envía. Si les sirves con sinceridad, estarás adorando a Amma y no perderás el tiempo".

Cada vez que os encontréis en una situación difícil de la que no podáis escapar, no os enfadéis por las circunstancias. Pensad que, de momento, Amma os ha dado eso e intentad responder con sinceridad y devoción. Tratad de recordar que cada vez que Amma nos pone en una situación o circunstancia diferente, nos está modelando para que seamos instrumentos perfectos y poder recibir su gracia. Al final, actuar con un espíritu de adoración y entrega, eliminará nuestro ego y nos ayudará a realizar nuestra divinidad innata, nuestra unidad con la Verdad Única.

Capítulo 24

Cómo reconocer a un Mahatma

Había una vez una famosa domadora de leones. Realizaba arriesgados números con los felinos más feroces que ningún otro domador de circo había intentado. Un público anonadado abarrotaba siempre los estadios allá donde iba y se maravillaba ante su osadía.

En primer lugar, la domadora dejaba clara la ferocidad del león provocándole para que rugiese y pareciera que iba a atacar. Después, hacía unos trucos con el león para demostrar que no tenía miedo a la bestia. El punto culminante de su actuación consistía en ponerse un terrón de azúcar en la lengua y dejar que el león se lo quitara de un lengüetazo. Cada vez que hacía esta hazaña, la multitud enloquecía.

En una de sus actuaciones, se encontraba el Mullah[7] Nasruddin. La domadora empezó su número y el público se entusiasmó, aplaudiendo cada vez que ponía a prueba a los feroces leones. Por último, llegó al número final. Se arrodilló delante del más grande y fiero de los leones y se puso el azúcar en la lengua. El león lo cogió con mucho cuidado. La multitud clamó ante su proeza. Sin embargo, los gritos del Mullah se escucharon por encima de todos: "¡Eso no es nada! ¡Lo podía haber hecho cualquiera!" Al oírlo, la domadora salió de la jaula y se dirigió hacia él.

Le retó, diciendo: "Dice que cualquiera lo puede hacer. ¿Y usted, puede?"

---

[7] N. de la T. "Mullah" es el intérprete de las leyes y dogmas del Islam.

El Mullah replicó: "Si el león pudo, cualquiera puede". El Mullah no entendió lo evidente; se estaba comparando con el león en vez de con la domadora, pensando que el león no necesitaba mucho valor para hacer lo que había hecho. Esta historia nos enseña que dos personas pueden estar contemplando lo mismo y ver cosas muy distintas. Todo depende de nuestra perspectiva. Esa es la razón por la que algunas personas reciben el *darshan* de Amma pero no captan su grandeza, mientras que otros se sienten inspirados y transformados.

Hace muchos años, dos buscadores espirituales vinieron al ashram para conocer a Amma. Habían visitado muchos ashrams y los gurús que habían encontrado no les habían impresionado mucho. Les dijeron que Amma era una Maestra Realizada y decidieron venir a comprobarlo por sí mismos.

En aquella época, Amma solía tener algo de tiempo libre a lo largo del día. Por eso, podía hacer muchas cosas para las que ya no tiene tiempo. Pasaba muchas horas al día en *samadhi* y, a menudo, venía a la cocina y ayudaba a preparar la comida para los *brahmacharis* y devotos. Ella también dedicaba parte de su tiempo a jugar con los niños del vecindario. Cuando llegaron los dos buscadores, vieron a Amma corriendo de aquí para allá, gritando y riendo mientras jugaba con los niños a un juego típico de la zona.

Unos cuantos *brahmacharis* y yo estábamos a un lado, disfrutando del *lila* (juego divino) de Amma. Los recién llegados se me acercaron y me hicieron unas preguntas sobre mí mismo. Les dije que trabajaba en un banco cercano pero que me alojaba en el ashram. Luego, me preguntaron dónde podían encontrar al Gurú del ashram y, señalando a Amma, les dije: "Está ahí mismo".

"¿Esa chica que juega con los niños?", me preguntaron incrédulos. En aquella época, Amma tendría unos 25 años y, cuando jugaba con los niños, parecía aún más joven.

"Sí, sí", les confirmé. "Ella es nuestra Gurú". Les dije que si esperaban un poco, podrían conocerla y recibir su *darshan*. Los hombres hablaron un par de minutos entre sí, y se fueron sin decir nada.

Veinte años más tarde, los mismos hombres volvieron al ashram. Después de preguntar por mí, vinieron a mi habitación. "¿Se acuerda de nosotros, Swamiji?" preguntaron. Tuve que admitir que no. Me recordaron las pocas palabras que cruzamos hacía tanto tiempo y me explicaron que vinieron hacía veinte años con ideas preconcebidas sobre cómo debía ser un Gurú. Como Amma no actuó del modo que ellos esperaban de un Gurú, simplemente, se fueron, pensando que Amma no era más que una chica normal y corriente. A lo largo de los años, habían oído muchas cosas sobre Amma y, al final, se convencieron lo suficiente como para venir al ashram.

Cuando fueron a recibir el *darshan* de Amma, rompieron a llorar, dándose cuenta de lo estúpidos que habían sido. Uno de ellos estuvo llorando sin parar durante mucho tiempo. Cuando se percató de su error, le resultó muy difícil soportarlo.

Hay un viejo refrán sobre el río sagrado Ganges que dice que, mientras muchos atraviesan toda la India para bañarse en sus aguas sagradas, algunos de los que viven en sus orillas prefieren ducharse en casa. De la misma manera, estos dos hombres estuvieron muy cerca de Amma cuando ella podía haberles dedicado mucho tiempo y atención personal. Por desgracia, en aquel momento, no reconocieron su grandeza.

Otra de las cosas que Amma solía hacer cuando tenía más tiempo libre era ayudar en las labores de construcción y limpieza del ashram. En aquella época, vivíamos en cabañas con techos de paja. Cada año, había que sustituir los techos porque sólo aguantaban una estación de intensas lluvias monzónicas. Los pocos *brahmacharis* que se alojaban en el ashram en aquellos años, nunca habían vivido en cabañas antes de venir al ashram y no sabían mucho sobre cómo tejer un techo de paja. Amma siempre trabajaba junto a nosotros, guiando nuestro esfuerzo, pues necesitábamos su supervisión para asegurarnos de que hacíamos bien los techos.

Un día, mientras cambiábamos los techos, llegaron otras dos personas al ashram y vieron a Amma trabajando con nosotros, instruyendo en voz alta a los que estaban al otro lado de la finca. Los recién llegados observaron a Amma durante un rato. Al final, se marcharon sin acercarse a ella. Entonces, Amma comentó: "Han venido aquí en busca de un Gurú. Esperaban verla sentada con dignidad en un trono y sirvientes abanicándola y atendiéndola. En cambio, vieron al Gurú trabajando con sus manos, con el vestido sucio y dando instrucciones en voz alta. Se han ido convencidos de que Amma era una chica de pueblo normal y corriente. Si hubieran estado verdaderamente sedientos de un Gurú, se habrían quedado y habrían esperado a conocerme. Ya volverán a su debido tiempo". Unos años más tarde, regresaron y, ahora, son fervientes devotos de Amma.

Me viene a la memoria un chiste que nos recuerda que no siempre podemos sacar conclusiones exactas por la apariencia. Había un catedrático que investigaba las cucarachas. Por fin, estaba preparado para divulgar sus descubrimientos con una demostración en directo. Puso una cucaracha sobre una mesa y le ordenó que corriera. La cucaracha corrió por la mesa. La cogió antes de que llegase al borde y, volviéndola a poner en la posición original, le arrancó una pata. De nuevo, le ordenó que corriera, dejándola libre por la mesa. La cucaracha corrió. Cogió a la cucaracha y le quitó otra pata. Todavía podía correr y siguió corriendo, pero después cojeó y se fue arrastrando a medida que le quitaba las patas una a una. Al final, le arrancó la última pata y volvió a ordenarle que corriera. Esta vez, la cucaracha no se movió. ¿Dónde iba a ir sin patas? Sonriente, el catedrático miró al público, que estaba lleno de curiosidad, y, con orgullo, anunció su revolucionario descubrimiento: "Una cucaracha sin patas no oye". El catedrático había observado el comportamiento de la cucaracha y había sacado una conclusión completamente errónea. Del mismo modo, podemos observar el comportamiento de un Mahatma y no darnos cuenta de que lo es.

Cuando nos acerquemos a un Mahatma, deberíamos tratar de estar abiertos y receptivos, sin juzgar sus actos externos. No todo el mundo que ve a Amma la reconoce como un Mahatma, al menos, no enseguida. Los que hemos podido reconocer, al menos, una pequeña parte de la grandeza de Amma estamos realmente bendecidos.

Capítulo 25

Sonido, vista, tacto, pensamiento: los métodos de iniciación de un Maestro

El hecho de que un Verdadero Maestro nos inicie en un mantra particular o una práctica espiritual puede acelerar bastante nuestro progreso a lo largo del camino espiritual. A veces, la iniciación produce resultados inmediatos, pero, por lo general, sus resultados se hacen definitivos después de un largo periodo de tiempo. Uno de los métodos más comunes, aunque importante, de diksha (iniciación) es el mantra. Muchos de nosotros hemos recibido mantra diksha de Amma. Sin embargo, los Satgurús también cuentan con otros métodos de iniciación, dependiendo de nuestra receptividad. Si estamos receptivos, un Maestro nos puede iniciar con sólo mirarnos; es la iniciación por contacto visual o nayana diksha.

Un joven vino a ver a Amma por primera vez cuando estaba en *Devi Bhava*. En lugar de entrar en el templo para recibir *darshan*, prefirió esperar fuera. De repente, después de permanecer allí unos minutos, empezó a tiritar, a temblar y a saltar como si hubiera agarrado un cable con corriente eléctrica. Los demás devotos se mantuvieron a distancia, pensando que estaba poseído.

Entonces empezó a emitir algunas palabras inconexas, como si estuviera hablando con alguien que sólo él podía ver. Cuando terminó el *Devi Bhava*, Amma salió del templo y el joven seguía emitiendo palabras incoherentes. Amma le tapó la boca con la mano y le dijo que no hablase más sobre lo que estaba viendo. Al cabo de un rato volvió a su estado normal. Nos dijo que, cuando Amma lo miró, sintió un extraño poder que emanaba de ella y que penetró en él. Después vio la forma de Kali ante él e intentó explicar lo que estaba viendo, pero nadie le entendía porque sus palabras eran inconexas. En aquella época, este joven trabajaba en una oficina y, después del incidente, no pudo trabajar durante una semana; parecía que estaba en otro mundo. Mientras tanto escribió muchas canciones devocionales y textos filosóficos. Este es un ejemplo del poder de *nayana diksha*. (Más adelante, Amma también inició al joven con un mantra.)

Otro método de iniciación es *sparsa diksha* (iniciación por contacto). Para algunas personas, en el momento en que Amma las toca, sienten algo parecido a una descarga eléctrica que atraviesa su cuerpo y experimentan una transformación interna. Tal vez Amma bendiga a todos y cada uno de los que van a verla con este tipo de iniciación, sin que ellos se den cuenta. Amma dice que ahora está sembrando las semillas y que, cuando llegue el momento adecuado, brotarán y darán su fruto.

Hay otro tipo de iniciación que se llama *pada diksha* o iniciación por contacto del pie. Esta clase de iniciación no es muy habitual. Sé de una ocasión en la que Amma dio *pada diksha*, pero no tiene costumbre. Cuando un devoto se acercó para recibir el *darshan* de Amma, ella cerró los ojos. Nadie esperaba lo que iba a hacer después: puso su pie derecho en el pecho del devoto. Yo llevaba muchos años con Amma y nunca la había visto hacer esto. Era la primera vez que la veía tocar a un devoto con el pie. Acto seguido, el devoto dio un salto y empezó a temblar, como si lo atravesara una potente descarga eléctrica. Otro devoto fue a sostenerlo, pero Amma dijo: "No lo molestéis; está en éxtasis. Dejad que haga lo que quiera". Estuvo temblando durante 20 minutos. Después, se tumbó en el suelo. Amma dijo que había sentido con fuerza que debía tocar a ese devoto con el pie y que él llevaba rezando mucho tiempo para que Amma lo hiciera.

Kabir fue un gran santo del norte de la India, nacido en una familia musulmana. Kabir deseaba fervientemente convertirse en discípulo de Ramanand, un famoso Maestro de aquella época. Pero Kabir era musulmán y Ramanand hindú.

En aquel tiempo, era tal la escisión entre las dos religiones, que los discípulos de Ramanand no soportaban la idea de que un musulmán fuera iniciado entre ellos. Por otro lado, la comunidad musulmana tampoco iba a permitir que a Kabir lo iniciase un Gurú hindú. Sin embargo, Kabir deseaba tanto recibir la iniciación de Ramanand que, al final, ideó un plan.

Kabir sabía que, cada mañana, antes de que saliera el sol, Ramanand iba al río a bañarse. Una mañana, antes de que Ramanand llegara, Kabir fue a la escalera que bajaba al río donde éste se bañaba y se tumbó en uno de los muchos escalones que conducen hasta el sagrado Ganges. Como todavía estaba muy oscuro, Kabir sabía que el Gurú no podría verlo allí tumbado y que, sin querer, lo pisaría. En la India, cuando tocamos a alguien con un pie, ponemos la mano sobre esa persona y nos la llevamos a la frente como señal de respeto. También podemos exclamar "¡Ram, Ram!", o "¡Krishna, Krishna!", igual que en otros países la gente exclama "¡Ay, perdona!".

Como era de esperar, mientras Ramanand bajaba los escalones, pisó a Kabir. En ese momento, se dio cuenta de que había pisado a un ser humano y, de inmediato, pidió perdón invocando el nombre del Señor. Mientras gritaba "¡Ram, Ram!", seguía encima de Kabir, quien consideró que esta afortunada combinación era la iniciación de Ramanand. Se postró a los pies del Gurú y se marchó.

La estratagema de Kabir funcionó. Fue tan leal a Ramanand y al mantra Ram que había recibido de él que, al final, alcanzó la Auto-Realización. Sus poemas de alabanza al poder del mantra y a la gracia del Gurú siguen siendo, incluso hoy en día, un tesoro para la gente de toda la India.

Hay otro tipo de iniciación llamada *smarana diksha*. *Smarana* significa pensar o recordar. Para dar *smarana diksha*, el Gurú, simplemente, piensa en el discípulo. Aunque el discípulo esté muy lejos del Gurú, recibirá su iniciación.

Hace muchos años, un devoto de Amma visitó el Himalaya. Quería subir tan alto como pudiera. El viaje duraba muchos días a pie. De camino, pasó por una cabaña y, como estaba oscureciendo, pensó pedir permiso para quedarse esa noche allí. Cuando el devoto llamó a la puerta, no obtuvo respuesta. Esperó, pero nadie abrió. Como no había ninguna otra cabaña cerca, esperó unos 10 ó 15 minutos. Por fin, un joven salió y le preguntó qué quería. El devoto respondió que estaba peregrinando y necesitaba un lugar donde pasar la noche. El joven replicó: "Estoy solo; sé bienvenido". El joven también parecía un aspirante espiritual, pues su cara resplandecía. Así, después de preparar la cama para el devoto, el joven se sentó a meditar.

El devoto estaba tan cansado que se fue directo a dormir pero, cuando se despertó varias horas más tarde, vio que el joven seguía meditando. A la mañana siguiente, el devoto le preguntó al joven por sus prácticas espirituales. Este le dijo que solía meditar cinco o seis horas seguidas, sentado en la misma postura. Al devoto también le sorprendió encontrar una pequeña fotografía de Amma en la cabaña. En aquellos años, Amma no era muy conocida en esa zona, por eso no sabía cómo podía haber llegado la foto de Amma a un lugar tan remoto. El devoto preguntó al joven de quién era la foto, sin revelarle que él era devoto de Amma. El joven respondió: "Un monje visitó el ashram de Amma al sur de la India. Recibió su *darshan* y se quedó muy impresionado, así que trajo una pequeña fotografía suya. Cuando vino aquí, me habló de Amma y me sentí tan atraído por ella, que me dejó la foto".

El joven prosiguió: "Aquella misma noche, durante la meditación, sentí la presencia de Amma. Me susurró un mantra al oído y, desde entonces, recito ese mantra. Amma es mi Gurú. Después de esta experiencia, mi meditación mejoró considerablemente". El devoto quedó muy sorprendido por la intensa práctica espiritual de este joven. Cuando volvió a Amritapuri, le habló a Amma de él y ella dijo: "Tengo muchos discípulos que, como él, viven en lugares muy remotos. Yo no puedo ir donde ellos y ellos, de momento, no pueden venir a mí; por eso, los guío de ese modo".

Un *brahmachari* del ashram de Amma enfermó de gravedad mientras Amma estaba en Europa. La gente pensaba que iba a morir, y él también pensó que su vida llegaba a su fin. Lloraba y rezaba: "Amma, estás muy lejos, en Europa pero, antes de que muera, debo verte en carne y hueso. Por favor, ten piedad de mí". Mientras estábamos en Europa, recibimos la llamada de uno de los *brahmacharis* de la India contándonos la oración del *brahmachari* enfermo. Amma contestó: "No se va a morir. Estad seguros de que se va a poner bien". El *brahmachari* que nos llamaba también lloraba, pues estaba preocupado por el estado del enfermo y le rogó a Amma: "Por favor, dale tu *darshan*. Aunque se muera al día siguiente, será feliz por haber recibido tu *darshan*".

Dos días más tarde, un devoto viajaba de Europa a India. Amma le pidió que llevase una guirnalda que ella se había puesto y se la entregara al *brahmachari* enfermo. Después de recibir la guirnalda, el *brahmachari* empezó a mejorar, tal y como Amma había dicho. Las bendiciones de Amma le llegaron al *brahmachari* a través de la guirnalda. Era la única manera por la que ella podía llegar a él, ya que el *brahmachari* no había evolucionado lo suficiente para ver a Amma en una forma sutil.

Que el *Satgurú* emplee varios tipos de iniciación con nosotros, depende de nuestra receptividad y nuestro nivel de crecimiento espiritual. Si nuestro nivel de consciencia no es lo bastante sutil para recibir la iniciación, el Maestro no actuará con nosotros de esa manera. Por eso, Amma dice: "Usad el mantra que os he dado". En realidad, nuestras mentes no son sutiles. Si nos sentamos a meditar media hora, puede que sólo consigamos concentrarnos durante unos minutos. Incluso concentrarnos esos pocos minutos, nos cuesta mucho. Hasta que consigamos sutileza y concentración mental, es mejor que nos centremos en cantar canciones devocionales y recitemos nuestro mantra. Una vez que recibimos un mantra de un *Satgurú*, se establece una relación personal entre el Gurú y nosotros. El mantra es el vínculo que nos conecta con el Gurú. Este nexo de unión durará hasta que alcancemos el objetivo, hasta que realicemos a nuestro ser.

Amma dice que la relación que tiene con muchos de sus devotos viene de una vida anterior. Su único propósito al encarnarse una y otra vez en esta tierra es ayudarnos a alcanzar el objetivo de la vida humana. Ella no tiene nada que ganar; ya ha ganado todo lo que hay que ganar. Nosotros somos muy afortunados porque nos ha iniciado un Maestro Espiritual como Amma.

El mantra es como un vehículo que nos conducirá al objetivo mucho más rápido que si tuviéramos que hacer el recorrido entero a pie. Antes de que recibiéramos el mantra, puede que nuestro progreso espiritual fuera lento y vacilante. Cuando recibimos *mantra diksha*, una parte del *prana shakti* del Gurú pasa al discípulo. Después de recibir ese *prana shakti*, nuestro progreso espiritual se acelerará dependiendo del esfuerzo que hagamos.

Es posible que algunos se pregunten: "¿No supone tener otro pensamiento mental el recitar un mantra? Entonces, ¿cómo nos podemos liberar de los pensamientos?"

Amma dice: "Por medio de *japa* podemos reducir el número de pensamientos. Cuando ponemos en la pared un rótulo que diga 'Prohibido pegar carteles' evitamos que aparezcan otros carteles o pintadas en la pared. Esas tres palabras nos libran de muchas más. De la misma forma, repetir el nombre de Dios con concentración reduce la cantidad de pensamientos que pasan por nuestra mente.

Aunque nuestra concentración no aumente mientras recitamos el mantra, deberíamos seguir practicando. Amma dice que el sonido del mantra contiene vibraciones espirituales positivas que tendrán un efecto beneficioso en nosotros, sin que importe nuestro nivel de concentración.

Cuando un *Satgurú* como Amma da un mantra, va acompañado de su poderoso *sankalpa* para que beneficie a quien lo recibe. El *Satgurú* se compromete a guiarnos hacia la meta de la existencia humana. Para recibir el máximo beneficio, tenemos que corresponder con nuestro propio compromiso: seguir fielmente las enseñanzas del Gurú.

Capítulo 26

Las tres formas en que Amma nos protege

A causa de los actos que cometimos en el pasado, estamos destinados a sufrir en esta vida. Movida por su infinita compasión, Amma nos protegerá del destino en gran medida. Dependiendo del tipo de *prarabdha* que originó la experiencia, Amma nos protegerá de tres maneras diferentes: protegiéndonos completamente de una experiencia que estábamos destinados a sufrir; protegiéndonos de manera parcial y disminuyendo la intensidad del sufrimiento que tenemos que experimentar, o concediéndonos la fortaleza necesaria para superar la experiencia. Personalmente, he recibido los tres tipos de ayuda cuando me he encontrado en situaciones difíciles.

El primer incidente ocurrió cuando Amma, acompañada por los *brahmacharis*, estaba ofreciendo una serie de programas en el norte de Kerala. Al atardecer, cuando íbamos de un sitio a otro, solíamos parar cerca de un río. Nos bañábamos y nadábamos. Después, metidos en el río con el agua hasta la cintura, Amma dirigía el mantra Gayatri. A veces, también recitábamos los 1.000 nombres de la Madre Divina. Más tarde, meditábamos y cantábamos *bhajans* en la orilla, hasta que se ponía el sol. Por último, Amma nos preparaba té antes de continuar el viaje. Una tarde, después de salir del río, me di cuenta de que había perdido el *mala* en el agua. Me disgusté mucho, pues era un *mala* bendecido por Amma y que ella me había dado. También pensé que podía ser una señal de que algo malo me iba a suceder. En cuanto descubrí que no lo tenía, corrí donde Amma y se lo conté. Acto seguido, se quitó el mala que llevaba alrededor del cuello y me lo dio. No cabía en mí de júbilo por esa inesperada bendición, pues Amma había llevado ese *mala* durante bastante tiempo. Además, el que yo había perdido tenía sólo 54 cuentas y el nuevo tenía 108. No me acordé más del *mala* original e, incluso pensé que había tenido suerte al perderlo en el río. Reanudamos el viaje y terminamos la gira.

Unos meses más tarde, yo estaba haciendo mi propia gira, ofreciendo programas en Tamil Nadu. Viajaba en coche con otros dos devotos e iba sentado detrás del conductor. De camino al primer programa, un camión se salió bruscamente del carril opuesto y golpeó nuestro coche de refilón a mucha velocidad. Las dos puertas del lado del conductor quedaron hundidas por completo, las ventanas hechas añicos y había fragmentos de cristal por todas partes. Por supuesto que al conductor del camión no le pasó nada, al ir en un vehículo tan grande. Pero fue un milagro que los cuatro pasajeros de nuestro coche resultaran ilesos, sobre todo viendo el estado en el que quedó el coche después del accidente.

Llamé a Amma en cuanto pude para contarle lo que había sucedido y, como nadie estaba herido, continuamos la gira según lo previsto. Volví al ashram un mes más tarde. Unos días después de mi regreso, tuve la oportunidad de estar con Amma en su habitación. Mientras estaba sentado junto a ella y le explicaba los detalles del accidente, Amma miraba atentamente el *mala* que me había dado. Me preguntaba por qué lo estaba observando cuando, de pronto, me pidió que se lo devolviera. Sus palabras me sorprendieron. Me quedé en silencio, sin devolverle el *mala*. Me lo volvió a pedir. Yo no quería dárselo, así que le supliqué: "Amma, cuando se regala algo, no está bien pedir que lo devuelvan. Tienes muchos *malas* más, ¿por qué quieres este? Por favor, deja que me lo quede".

Amma me repitió que se lo devolviera. "El mala que te di ha cumplido su función. Ya no lo necesitas más". Comprendí que Amma se refería al accidente de coche y se lo devolví. A cambio, ella me dio otro.

Por supuesto que no hacía falta que Amma me diera un *mala* o cualquier otro objeto para protegerme. Su mero *sankalpa* habría bastado. Ella eligió protegerme del accidente al darme el *mala*, y aquella fue su manera espontánea de hacerlo.

El segundo tipo de ayuda o protección que podemos recibir de un *Satgurú* es la protección parcial, o una reducción de la intensidad del sufrimiento que tenemos que experimentar. Hace muchos años, solía conducir la furgoneta del ashram. Cuando estábamos en Madrás, durante la gira por Tamil Nadu, fui a la habitación de Amma a darle algo. Al estirar el brazo, se fijó en que tenía un sarpullido en el antebrazo. Después de examinar los granitos rojos, me dijo que era varicela y que iba a buscar otro conductor para el resto de la gira. Quería que volviera al ashram de inmediato y me dijo: "No te preocupes, no vas a sufrir con esta enfermedad".

Al día siguiente, cuando fui a despedirme de Amma, antes de volver al ashram de Amritapuri, ella me enseñó su brazo. Tenía un sarpullido muy parecido al mío. "Mira", me dijo, "He cogido tu varicela. Ya no tendrás ampollas".

De ese modo, regresé al ashram mientras que Amma y los demás *brahmacharis* completaban la gira. Por esas fechas, algunas personas que vivían cerca del ashram también habían contraído la varicela y tenían ampollas por todo el cuerpo. Pero, después de que Amma me dijera que ella se había encargado de mi enfermedad, no tuve ni una ampolla.

De la misma forma, Amma asume las enfermedades de muchas otras personas. Cuando da *darshan*, puede cargar con las enfermedades de mucha gente en un solo día. Una vez le pregunté: "Amma, ¿cómo puedes con tanta enfermedad y sufrimiento? ¿No te sientes abrumada?" Amma respondió que si alguien tiene que sufrir una enfermedad durante diez años, cuando ella la asume se puede agotar el mismo *prarabdha* en menos de diez minutos.

Por cada acto que se lleva a cabo, alguien debe experimentar el resultado. Normalmente, si nosotros realizamos la acción, nosotros experimentaremos el resultado. Sin embargo, Mahatmas como Amma son capaces de asumir, en su propio cuerpo, el resultado de acciones negativas de muchos otros, agotando así nuestro *prarabdha* y aliviando nuestro sufrimiento. De hecho, Amma ha llegado a decir que no importa la intensidad o la cantidad de *prarabdha* de otras personas que asuma, ella lo puede quemar en el fuego de su conocimiento[8] en un solo instante.

Hace dos años, tenía que operarme de la rodilla. Con anterioridad, Amma me había dicho que era una mala época para mí y que debía cuidar mi salud. Como Amma no especificó en qué tenía que cuidarme, no me preocupé y dejé el problema, fuera el que fuera, en manos de Amma. Un día, poco después, me empezaron a doler mucho las rodillas. Cuando se lo conté a Amma, me pidió que fuera al hospital enseguida. Después de examinarme, el médico me sugirió que me operara. Aunque se trataba de una operación sencilla, estaba asustado porque nunca había tenido una lesión o enfermedad grave.

Amma me dijo que debía operarme, así que me dispuse a seguir adelante con la intervención quirúrgica. En aquel momento, me encontraba en Estados Unidos y estaba tan disgustado y

---

[8] Aquí, Amma se refiere a *Brahmajnana*, o el conocimiento de Brahman omnisciente, omnipotente y omnipresente, que constituye el sustrato del universo. Adquirir ese conocimiento significa hacerse uno con Brahman.

asustado por la inminente operación, que llamaba a Amma casi todos los días y le pedía que me ayudara a evitar la operación. Siempre que hablaba con ella, me tranquilizaba: "No te preocupes, hijo mío. No tengas miedo. Todo va a salir bien". Por fin, llegó el día previsto y, como no estaba mejor, no tuve más remedio que pasar por el quirófano. Durante la operación en sí, no sentí miedo. Después, Amma me dijo que, aunque yo no podía verla, ella había estado allí conmigo durante la intervención. En este caso, Amma no me ayudó como yo esperaba; no hizo desaparecer el problema, pero me dio el valor para afrontar esa experiencia con ecuanimidad.

Por poner un ejemplo más preciso, una vez, en Australia, un hombre vino con sus dos hijos pequeños a recibir el *darshan* de Amma. Él le contó a Amma que su mujer padecía un cáncer terminal y que, a menudo, vomitaba sangre y se desmayaba. Al principio, los niños de cinco y siete años, se asustaban y lloraban al ver a su madre en ese estado. Pero después de oír hablar de Amma, se produjo un cambio en su carácter. Su padre les contó que, cuando era pequeña, Amma cuidaba de los enfermos y ancianos, y los niños se sintieron influenciados por su ejemplo. Al final, asumieron la situación y empezaron a cuidar de su madre. La sostenían si se caía a un lado, le traían un vaso de agua y, si era necesario, llamaban a una ambulancia. Se habían hecho muy fuertes y valientes.

"Mi esposa deseaba muchísimo venir a ver a Amma", le dijo el hombre, "pero no tiene fuerzas para caminar, así que no ha podido estar aquí esta noche". Cuando Amma oyó su historia, no dejó de derramar su cariño maternal sobre ellos. Les prestó mucha atención, les preguntó por cada pequeño detalle de sus vidas, jugó con los niños, quiso saber sobre sus estudios y no dejó de abrazarlos. Todo esto, en medio de un *darshan* de más de 1.000 personas. De hecho, Amma estaba tan interesada en colmar de amor a esta familia, que no les dejaba ir. Actuó como si tuviera todo el tiempo del mundo. Al final, se despidieron de ella, diciéndole que su madre esperaba en casa.

Cuando se fue, el padre dijo: "Ahora, soy capaz de afrontar el sufrimiento en mi vida. Amma nos ha dado fortaleza y amor para superar este reto. Muchas gracias". Primero, con el ejemplo de su propia vida y, después, mediante el amor y afecto que ella les había mostrado personalmente, Amma ayudó a esta familia a afrontar una situación muy dura. En vez de dejarse vencer por la pena, fueron capaces de ayudar a su madre y velar por todas sus necesidades.

Amma dice que hay tres tipos de *prarabdha*. El primero es parecido a un cáncer benigno; se puede eliminar por completo con acciones reparadoras tales como prácticas espirituales y buenas acciones, junto con la gracia de Dios. El segundo tipo se puede eliminar parcialmente, pero todavía tendremos que sufrir hasta cierto punto. Es como un cáncer que tiene tratamiento pero que puede volver en el futuro. El tercer tipo es un cáncer maligno que no se puede extirpar; simplemente, tenemos que aceptarlo. Estos tres tipos de *prarabdha* se corresponden con las tres clases de ayuda que Amma nos da. En situaciones que surgen del tercer tipo (al igual que un cáncer maligno e incurable), Amma no interfiere con nuestro *prarabdha*, sino que deja que este siga su curso. Esto no quiere decir que Amma nos abandone. Cuando no tenemos más remedio que soportar una experiencia dolorosa, Amma nos concede la fortaleza para afrontar la situación con valentía y serenidad.

Capítulo 27

¿Es Amma un Avatar?

Según el Sanatana Dharma, el nacimiento de una persona normal y corriente en el mundo se llama janma (nacimiento). Por lo general, no es el primer nacimiento de esa persona, por lo que también se le puede denominar punarjanma (renacimiento). Sin embargo, cuando un ser iluminado nace por su propio sankalpa con la intención de ayudar a otros, recibe el nombre de Avatar o Encarnación. En muchas religiones, los creyentes sólo aceptan que una persona sea la encarnación de Dios. El Sanatana Dharma es único en reconocer a varias personas como avatares. El Sanatana Dharma también anuncia de manera clara que Dios se manifestará en cualquier lugar, en cualquier momento y de cualquier forma, dependiendo de la situación que impere entonces y de la devoción de los devotos.

La palabra sánscrita "avatar" viene de *ava-tarati*: bajar asumiendo un cuerpo u otra forma. Esto significa que Dios, que no tiene forma, desciende a nuestro nivel, asumiendo una forma humana en el mundo de los nombres y las formas, para conducirnos por el camino espiritual. Dios hace esto para restablecer el *dharma*, con el fin de mantener la armonía y proteger al mundo.

En el *Bhagavad Gita*, el Señor Krishna manifiesta:

yadā yadā hi dharmasya glānir bhavati bhārata
abhyutthānam adharmasya tadātmānaṁ sṛjāmy aham

Oh, Arjuna, siempre que el dharma (rectitud) disminuye
Y crece el adharma (maldad), yo nazco (asumo un Cuerpo
físico).

(4.7)

paritrāṇāya sādhūnāṁ vināśāya ca duṣkṛtām
dharma-saṁsthāpanārthāya sambhavāmi yuge yuge

Para proteger a quienes se han comprometido con el
dharma,
Para destruir a los seguidores de adharma, y para
reestablecer dharma, yo nazco en cada era.

(4.8)

Cuando todo va bien, no es necesario que venga un *Avatar*. El Señor viene cuando impera el caos y la confusión. Por poner un ejemplo más conocido, la policía no viene si hay paz en el vecindario, si no hay disturbios ni conflictos. Sólo viene cuando hay problemas.

A veces, el *dharma* está en peligro y se perturba la armonía de la creación. En general, sólo los seres humanos provocan la amenaza o infracción. Las plantas y animales no alteran la armonía de la creación porque viven según su instinto natural. Sólo los seres humanos violan este ritmo cósmico a causa de su arrogancia, ego y ansia de poder. Cuando el *dharma* está amenazado, el Señor se manifiesta en forma de *Avatar*. Para matar al demonio Ravana, el Señor se encarnó en Rama, un ser humano. Ravana había recibido el don de que ningún demonio, dios o animal sería capaz de destruirlo, pero no pidió protección contra los seres humanos, porque no creyó que un humano podía hacerle daño. De ese modo, el Señor se manifestó como ser humano, la única forma de matar a Ravana y restablecer *dharma* para aquella época.

De manera similar, al demonio Hiranyakasipu no podía matarlo un arma, ni un ser humano, ni un animal, ni de día ni de noche, ni en la tierra ni en el cielo, ni dentro ni fuera de su palacio. Para matar a Hiranyakasipu, el Señor tuvo que reencarnarse en Narasimha, mitad humano, mitad león y atacar a Hiranyakasipu al atardecer (cuando no es de día ni de noche). El Señor cogió al demonio y lo puso sobre su regazo, de modo que no estaba ni en la tierra ni en el cielo, y lo llevó a la entrada de su palacio, para que no estuviera ni dentro ni fuera. Lo mató con sus garras de león (que, técnicamente, no son armas).

Una persona normal y corriente nace por dos razones. La primera es su *prarabdha* individual. La segunda es el *prarabdha* colectivo del mundo. El *prarabdha* colectivo del mundo se compone de grandes grupos de *prarabdhas* individuales. Cuando el mundo está lleno de gente buena y honrada, existe un buen *prarabdha* que genera paz y armonía. En una época en la que hay mucha gente malvada que causa problemas a los demás, el mundo tiene un *prarabdha* malo, y hay caos y violencia.

Cuando el Señor o un Maestro ya Realizado nacen en este mundo, no es por su *prarabdha*, sino por su *sankalpa* de ayudar al mundo. De hecho, los Maestros Auto-Realizados no tienen un *prarabdha* propio. El *prarabdha* surge del sentimiento de que yo soy el agente, de que "yo hago". Los seres humanos normales y corrientes se identifican con el cuerpo, la mente y el intelecto, más que con el *Atman*. Según el *Sanatana Dharma*, a esta identificación errónea se le denomina *avidya* (ignorancia). Como ignoramos nuestro Verdadero Ser cuando realizamos una acción, sentimos que "yo he hecho esto y quiero conseguir un resultado". Por otro lado, si hacemos algo malo, nos sentimos culpables por ello. En ambos casos, tenemos que experimentar el resultado de nuestros actos.

En realidad, el Ser o *Atman*, no hace nada. No realiza acciones. Es por eso que los Maestros Auto-Realizados, que han conseguido la unidad con la Conciencia Suprema, saben que ellos no están haciendo nada, sino que, simplemente, todo ocurre en su presencia. Gracias a este conocimiento, no poseen el sentimiento de "agente". Por eso, no tienen un *prarabdha* propio.

Entonces, ¿por qué aparecen? En la antigüedad, los *Avatares* aparecían para matar a los demonios y personas malvadas que habían torturado y asesinado a gente buena e inocente. De ese modo, se podía considerar que el *Avatar* era el resultado del *prarabdha* bueno de la gente honrada del mundo y el resultado del *prarabdha* malo de los demonios y la gente malvada. Krishna y Rama eran reyes, y su *dharma* era proteger al país de personas crueles. Pero, el *dharma* de Amma es distinto al de un rey. Ella se considera a sí misma madre de todos los seres. Al contrario que Rama y Krishna, es obvio que Amma no lucha contra nadie. En cambio, con su amor y compasión, Amma destruye la maldad que hay dentro de cada uno de nosotros.

Según las Escrituras, hay ciertas características que todos lo *Avatares* comparten. Estas grandes almas no odian a nadie. Sus enseñanzas son universales. No rechazarán ni al mayor pecador. Como no sienten apego por nadie, aman a todos por igual. Al llevar una vida de rectitud, inspiran a otros a seguir su ejemplo.

Alguien se preguntará: si Amma es un *Avatar*, ¿por qué no hace milagros?

En primer lugar, debemos recordar que una demostración de poderes sobrehumanos no es prueba concluyente de la identidad de un *Avatar*. Algunos *Avatares*, como el Señor Krishna, emplearon poderes sobrehumanos. Por ejemplo, para proteger a sus amigos de la infancia, los *gopas* y las *gopis* (muchachos y muchachas pastores de vacas), de las lluvias torrenciales y de los rayos, Krishna levantó el monte Govardhana y lo sostuvo sobre sus cabezas, sólo con su dedo meñique, durante siete días.

Incluso de pequeño, Krishna mató a varios demonios muy poderosos. El demonio Ravana, y los demás demonios descritos en la epopeya de los *Puranas*, también manifestaron poderes místicos o milagrosos. Por otro lado, otros *Avatares*, como el Señor Rama, no realizaron hazañas sobrehumanas. De hecho, cuando secuestraron a Sita, Rama la buscó y lloró como una persona normal y corriente. La demostración de poderes místicos u ocultos no se considera prueba concluyente para determinar si alguien es *Avatar* o no.

Dejando esto de lado, aquellos que preguntan por qué Amma no hace milagros, omiten lo evidente: toda la vida de Amma es un milagro. Tomamos muchas cosas por sentado. Durante los últimos treinta años, Amma ha iniciado individualmente con un mantra a millones de personas, ha iniciado a miles de *brahmacharis* y *brahmacharinis* en la vida monástica, y ha abrazado, físicamente, a más de 24 millones de personas. A menudo, abraza a más de 20.000 personas en un solo día. Cuando viaja por la India, el número es mayor. El último día del *Amritavarsham50*, la celebración del 50 cumpleaños de Amma, estuvo sentada en el estrado durante casi 24 horas y abrazó a más de 45.000 personas. Al final, cuando Amma se fue, no estaba agotada, sino que tenía una sonrisa radiante en la cara. ¿A cuántos podríamos recibir nosotros sobre el hombro antes de caer exhaustos? Además, Amma permanece sentada en el mismo lugar durante 15 ó 20 horas al día. ¿Cuántas horas podemos nosotros permanecer sentados en un sitio? ¿Una o dos? Y durante ese tiempo, Amma ni siquiera va al baño.

Cuando una persona posa su cabeza sobre el hombro de Amma, sus caras están muy próximas, de modo que Amma respira el aire que la persona exhala y esto ocurre miles de veces al día. Muchos médicos han dicho que si una persona normal tuviera que hacer lo mismo, contraería infecciones muy graves. Amma abraza a la gente sin importarle si están limpios o sanos; ni siquiera duda en abrazar a leprosos o personas con enfermedades contagiosas de la piel. Además, todos los que acuden a Amma quieren desahogarse con ella. Un psicólogo cualificado sólo puede escuchar los problemas de diez o veinte personas al día. Amma escucha los problemas de miles de personas al día, y muestra el mismo amor y atención por todos.

Mucha gente se equivoca al pensar que, cuando Amma termina de dar *darshan* y va a su habitación, se acuesta. La verdad es que, cuando ella está en su habitación, sigue tan ocupada como siempre. Hace el esfuerzo de leer todas las cartas que recibe; cientos de ellas al día. A diferencia de otros Mahatmas, las actividades de Amma no se limitan a las meramente espirituales. Éstas se extienden al terreno de la educación y la salud, así como a asuntos sociales, tecnológicos y medioambientales. Ella dirige personalmente cada uno de los proyectos humanitarios e instituciones educativas que su ashram ha fundado. Al final del día, se acuesta una o dos horas. ¿Quién más puede dormir tan poco y trabajar tanto?

La mayoría de la gente trabaja ocho horas al día, cinco días a la semana y tiene de dos a seis semanas de vacaciones al año. Amma trabaja veinte horas o más, al día, y nunca tiene vacaciones. En los últimos treinta años, no ha tenido ni un solo día libre.

En Roma, hay una estatua de bronce de San Pedro. Los peregrinos tocan el pie de la estatua todos los días y, como resultado, el pie izquierdo está prácticamente desgastado. Si el suave toque de los peregrinos puede desgastar una estatua de bronce, ¿qué le ocurriría a un ser humano que ha soportado el peso de tantos millones de personas?

Todavía no hemos mencionado lo que ella ha conseguido a nivel social. ¿No es un milagro que esta mujer poco instruida, sin respaldo económico de ninguna empresa, organismo mundial de asistencia, gobierno, partido político o grupo religioso, haya establecido, en los últimos quince años, una red tan amplia de instituciones médicas, educativas y de servicios? En un mundo en el que, por lo general, la mujer se mantiene al margen, Amma ha demostrado con su ejemplo que, para que la sociedad progrese de verdad, hombres y mujeres son tan importantes como las dos alas de un pájaro.

Por supuesto, hay historias muy famosas sobre los milagros que Amma ha hecho: ha curado al leproso Dattan con su propia saliva, ha transformado un pequeño recipiente de agua en suficiente *panchamritam* (una mezcla dulce de miel, leche, yogur, mantequilla purificada y azúcar) para alimentar a cientos de personas, o ha mantenido una lámpara de aceite encendida usando sólo agua[9].

En los años que llevo con Amma, cualquier cosa que le he oído decir sobre el futuro se ha cumplido, no importa lo improbable que pareciera en ese momento. Cuando conocí a Amma hace 27 años, me dijo que, en el futuro, vendrían a verla personas de todo el mundo y que ella viajaría por todo el mundo para guiar, consolar y confortar a la gente. En aquellos años, ningún *brahmachari* vivía con Amma. Ella no tenía ni un techo sobre su cabeza y dormía en el suelo, al aire libre, delante de la casa de su familia. ¿Cómo podía saber que, en el futuro, surgiría a su alrededor una red tan amplia de actividades espirituales y humanitarias?

Si mirásemos de cerca la vida de Amma, jamás preguntaríamos dónde están los milagros, porque están en todas partes, en cualquier aspecto de su vida. Se necesitarían libros enteros para

---

[9] Para saber más sobre estos sucesos puede consultarse la biografía de Amma, *La Madre de la Eterna Felicidad*, escrita por Swami Amritaswarupananda Puri, o el libro *Corriendo por el Filo de la Navaja* de Swami Ramakrishnananda Puri.

recoger los milagros de la vida de Amma. Cada una de las millones de personas que se ha encontrado con Amma podría compartir sus propias experiencias milagrosas: un cambio de carácter, la curación de heridas internas, un "nuevo sentido en la vida" y, por supuesto, curaciones inesperadas de enfermedades. Esta es una enciclopedia que nunca se recopilará en papel; está escrita en los corazones de los hijos de Amma.

La misma Amma ha dicho: "No me interesa conseguir creyentes haciendo milagros. Mi objetivo es inspirar a la gente con el deseo de la liberación a través de la Realización de su Ser eterno. Los milagros son ilusorios. No son la esencia de la espiritualidad. Y no sólo eso, una vez que se ve un milagro, se quiere ver otro y otro más. Yo no estoy aquí para crear deseos, sino para eliminarlos".

A veces, algunas personas realizan proezas casi sobrehumanas como recorrer distancias extraordinarias en bicicleta o mantenerse sobre un solo pie durante muchas horas. Pero lo hacen, únicamente, para que su nombre entre en los libros de records mundiales. Amma alcanza un nuevo record mundial cada día y no dedica ni un solo pensamiento a lo que los demás dicen de ella. Ella no hace lo que hace para que la alaben, sino por el bien del mundo.

En una ocasión, un periodista le preguntó a Amma: "Millones de personas la veneran como Devi. ¿Cómo se siente?"

Amma respondió: "No siento nada. La gente que hoy me llama Devi, puede que mañana me llame Devil (demonio). No me importa. Yo sé quién soy. No doy importancia a sus elogios ni a sus críticas. Fluyo como un río. La gente se comporta de forma diferente con el río según su manera de ser. Algunos sacian su sed, otros se sientan en la orilla a disfrutar del aire fresco, otros se bañan, y los hay que hasta escupen en el río. Pero éste tan sólo fluye".

Amma dice que siempre ha creído profundamente que todo era Dios. Algunas veces, ha revelado que ha nacido iluminada.

También sabemos que nadie en la historia del mundo ha hecho lo que Amma lleva haciendo cada día durante los últimos treinta años y que nunca nadie ha conseguido lo que ella ha conseguido. Sin embargo, por humildad, Amma nunca dirá que es un *Avatar*. Esa es una pregunta que tendremos que responder cada uno de nosotros.

Capítulo 28

Tenéis que encender la luz: gracia y esfuerzo

En una ocasión, un devoto preguntó: "Amma, si el alma es la misma en todos nosotros, entonces, cuando alguien alcanza la Verdad y la Auto-Realización, ¿no debería todo el mundo alcanzar la realización a la vez?" Amma dio una hermosa respuesta: "Hijo, cuando activas el interruptor principal de una casa, la electricidad llega a todas las habitaciones: al salón, a la cocina, a los dormitorios. Pero si quieres luz en tu habitación, tienes que hacer el esfuerzo de darle al interruptor de esa habitación. Sólo si cada uno hace el esfuerzo y le da a ese interruptor, la luz que hay en su interior se revelará".

Depende de nosotros poner nuestra parte. Debemos invertir lo mejor de nuestro esfuerzo para avanzar por el camino espiritual, realizando cada día, nuestras prácticas espirituales con sinceridad, intentando cultivar cualidades divinas como la paciencia, la aceptación, la humildad y el amor, siguiendo las enseñanzas de Amma.

Nunca deberíamos desanimarnos ni dejar de esforzarnos. Como Amma dice: "La gracia de Dios es el factor que gobierna todos nuestros intentos y hace que nuestras acciones sean dulces y completas".

Hay una historia maravillosa que ilustra cómo se complementan nuestro esfuerzo y la gracia de Dios o del Gurú. Una madre llevó a su hijo pequeño al concierto de un pianista de renombre mundial, para animarlo a que siguiera progresando en sus clases

de piano. Después de sentarse, la madre vio a una amiga entre el público y fue a saludarla. Aprovechando esta oportunidad para explorar las maravillas de la sala de conciertos, el niño se levantó y llegó hasta una puerta donde ponía 'Prohibida la entrada'. Cuando las luces de la sala se atenuaron y el concierto estaba a punto de empezar, la madre volvió a su asiento y vio que su hijo no estaba.

De repente, el telón se levantó y los focos iluminaron el impresionante piano que había en el escenario. Horrorizada, la madre vio a su hijo sentado al teclado y tocando, inocentemente, una canción infantil. En ese preciso instante, el gran maestro hizo su aparición. Se dirigió rápidamente al piano y susurró al oído del niño: "No te pares. Sigue tocando".

Entonces, se inclinó sobre el piano y, estirando el brazo izquierdo, empezó a tocar las notas graves. Rodeando al niño con su brazo derecho, alcanzó las notas agudas y las incorporó a la melodía. Juntos, el viejo maestro y el joven aprendiz, transformaron una situación aterradora en una experiencia extremadamente creativa y fascinaron al público.

De manera parecida, no importa en qué situación nos encontremos, por muy insoportable o desesperada que sea, y aunque estemos pasando mala racha, podemos descansar con la plena seguridad de que Amma nos está susurrando muy dentro de nosotros: "No pares. Sigue tocando. No estás solo. Juntos transformaremos los fragmentos sueltos en una obra maestra de arte creativo. Juntos fascinaremos al mundo con nuestra canción".

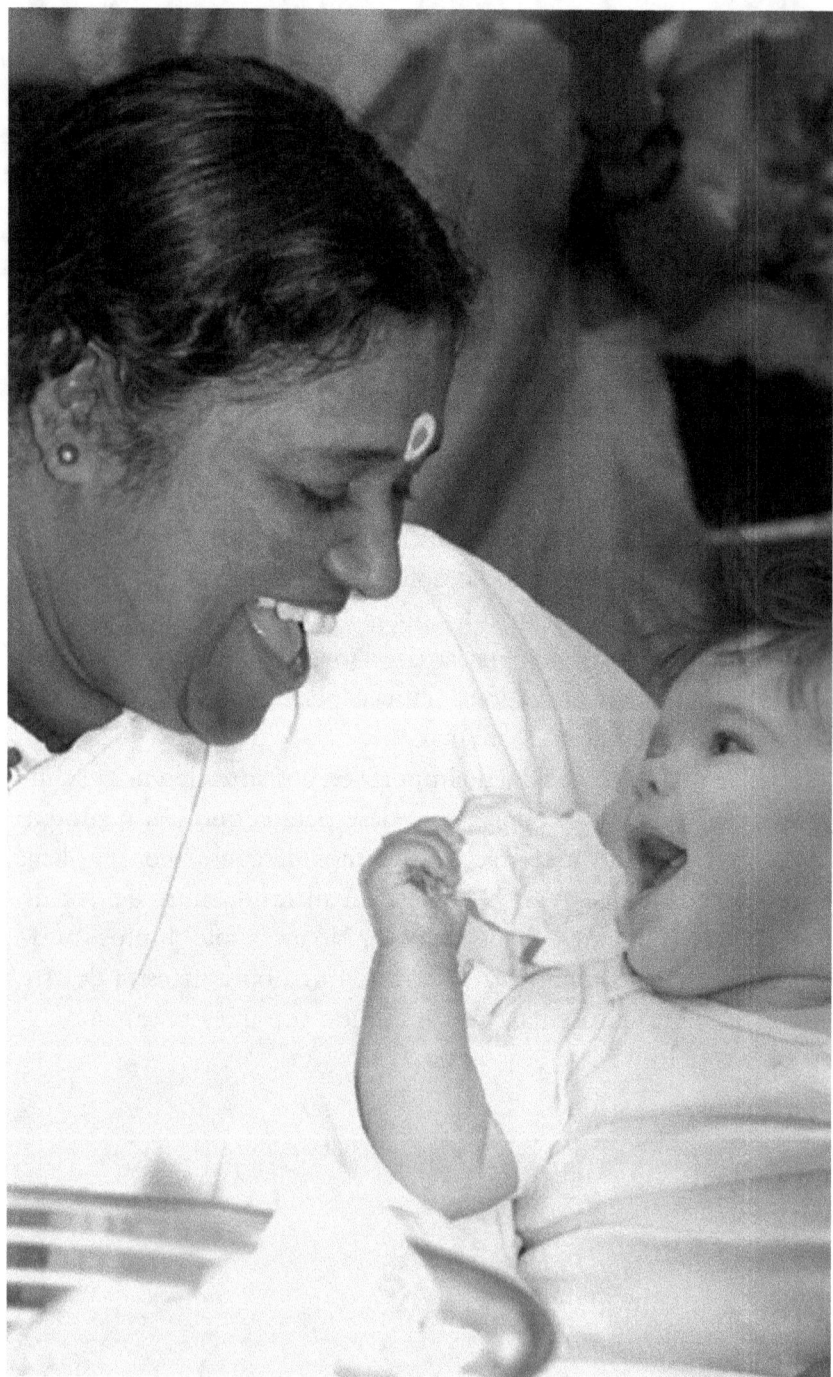

Epílogo

El Amor del Maestro

*"Así como la fragancia no se puede separar de la flor,
así como la luz no se puede separar del fuego, el amor
y la compasión
no se pueden separar del Maestro".*

— *Amma*

Cada vez que Amma sale del ashram, los devotos se ponen en fila a ambos lados de la carretera. Cuando el coche empieza a moverse, Amma baja las ventanillas y, por ambos lados del coche, arroja caramelos de prasad para todos los que están ahí: devotos que han ido de visita, residentes del ashram e, incluso, habitantes de pueblos vecinos con sus hijos.

En una ocasión en la que iba en el coche con Amma, me di cuenta de que ella seguía lanzando caramelos aunque ya no había devotos en la carretera, sólo se encontraban los lugareños, a los que no les interesaba el *prasad* de Amma. Simplemente, vieron que era ella y se marcharon. Ni siquiera se molestaron en recoger el *prasad* de Amma. Yo le dije: "Todos los devotos han cogido ya tu *prasad*; de aquí en adelante, no hay más que lugareños que sólo salieron a la carretera para ver qué pasaba, pero no cogen el *prasad* que les ofreces".

"No importa", replicó Amma. "Si no lo cogen ellos, lo harán los niños que vengan por este camino. Si los niños no lo cogen, algún animal o las hormigas lo comerán. No te preocupes; no se va a desperdiciar". Aunque no lo valoremos, o incluso no lo

231

aceptemos, Amma quiere seguir colmándonos con su amor y cariño.

Amma siempre nos dará tanto como ella pueda o, mejor dicho, tanto como el tiempo lo permita. Hace poco, cuando Amma regresó a la India después de su gira por Estados Unidos, unas 14.000 personas vinieron al primer *darshan* de *Devi Bhava*. Amma dio *darshan* desde las siete y media de la tarde a las diez y media de la mañana siguiente. Justo unos días antes, en el último *Devi Bhava* de Estados Unidos, el *darshan* empezó a las ocho y media de la tarde y terminó a las once de la mañana. Aunque sólo había la mitad de personas, Amma empleó casi las mismas horas. Podía haber terminado fácilmente a las tres o las cuatro de la madrugada. En cambio, decidió dedicar más tiempo a cada uno. Ella nunca piensa: "¡Oh! Aquí hay menos gente; puedo terminar el *darshan* enseguida e irme a descansar un rato". Si nosotros tuviéramos una oportunidad así, seguro que la aprovecharíamos. Pero Amma nunca lo hace. Ella nunca quiere tomar un atajo. Ha demostrado más de una vez que puede abrazar a más de 1.500 personas en una hora. Pero cuando da *darshan* a 750 personas, no termina en media hora. Le cuesta lo mismo que si hubiera diez veces más gente, porque ella quiere dedicar a cada uno tanto tiempo como le sea posible.

En una ocasión, un desequilibrado mental vino a recibir el *darshan* de Amma con una botella llena de algo en la mano. Antes de que supiéramos qué pretendía hacer, había vaciado la colonia que contenía sobre la cabeza de Amma. La colonia le salpicó en la cabeza y la cara y le entró en los ojos. Los demás devotos se enfadaron con el hombre y querían apartarlo de Amma, pero ella los detuvo y les dijo que sólo lo había hecho por devoción. Ella no podía ni abrir los ojos debido al escozor. Sin embargo, no se enfadó con el hombre. Sabía que, en su desequilibrio, él no había pensado que podía hacerle daño a Amma. Ella incluso le pidió que se sentase a su lado para consolarlo, pues este se sentía muy mal por el error que había cometido.

¿Qué haríamos nosotros en una situación así? Al ver la infinita paciencia de Amma, me acordé de sus palabras: "Si, por casualidad, nos mordemos la lengua, no nos enfadamos con los dientes y nos los rompemos. Sabemos que tanto la lengua como los dientes son nuestros y nos son útiles cada uno a su manera. Del mismo modo, para Amma nadie es distinto de sí misma. Para ella, hasta el dolor de una hormiga o una planta es tan real como su propio sufrimiento".

Cada día, Amma sufre mucho a causa de sus hijos. Cuando la gente viene a recibir el *darshan* de Amma, muchos de ellos la abrazan con fuerza e, incluso, le clavan los dedos en la espalda o en el hombro. Pero si alguien intenta retirar la mano, Amma siempre lo impide, diciendo que esa persona se entristecerá si no puede abrazar con fuerza a Amma. Otras veces, algunas personas echan todo su peso en las rodillas de Amma cuando se levantan después de recibir *darshan*, le pisan los pies o le agarran del cuello. Cuando preguntamos a Amma cómo permite ese abuso físico, ella responde con una pregunta: "¿Se enfada una madre con su hijo si este le pisa el pie cuando corre a abrazarla?" Tanto si Amma nos ve como a sus propios hijos o como a su propio ser, su amor por nosotros es infinito e incondicional.

El amor de Amma no se limita a los seres humanos. La propia Amma cuenta una historia de su infancia que muestra la profundidad de su amor y compasión por todos los seres de la creación.

Un día, cuando Amma era joven, estaba haciendo cola para coger agua de la fuente del pueblo y, de repente, sintió el fuerte impulso de volver a su casa. Sin esperar su turno para llenar los cubos de agua, se fue a casa de inmediato. Desde lo lejos, vio que una de las cabras de la familia estaba tendida en el suelo, sobre sus propias heces, gimiendo de dolor y echando espuma por la

boca. Amma corrió hacia el animal moribundo y lo acarició con amor, susurrándole palabras tranquilizadoras al oído. Finalmente, se alejó y se sentó a meditar a cierta distancia. Cuando Amma abrió los ojos, vio que la cabra había puesto la cabeza en su regazo. Debía haber realizado un gran esfuerzo para cruzar todo el patio arrastrándose y llegar hasta donde Amma estaba sentada. Amma volvió a acariciarle la cara con mucho amor y cariño. Un poco después, la cabra se moría. Al ver el gran esfuerzo que hizo para llegar hasta ella, el corazón de Amma se ablandó. Con su infinita compasión, Amma le concedió a la cabra la liberación.

Mediante la gracia de Amma, incluso esa cabra pudo alcanzar aquello por lo que la humanidad siempre ha luchado.

¡Qué diferente es nuestro amor del amor de un Maestro! Podemos amar a los miembros de nuestra familia y a los amigos, incluso a los vecinos. Pero no podemos amar a todos. Es posible que haya alguien que no nos caiga bien o al que, incluso, odiemos. Nosotros mismos conocemos las limitaciones de nuestro amor.

Cualquiera que haya estado con Amma sabe que su amor es diferente. Amma nos acepta a todos tal y como somos; no rechaza a nadie. Amma nunca le dice a una persona: "Tienes muchas cualidades y hábitos negativos. En primer lugar, elimina tu negatividad y, después, ven a mí". Amma dice que hablar así, sería como si un río le dijera a alguien que está a punto de bañarse en él: "No te metas en mis aguas. Estás muy sucio y apestas a sudor. Primero, lávate y, luego, ven a bañarte". Si no se baña en el río, ¿cómo se va a lavar?"

Uno de los devotos americanos de Amma era famoso por su mal genio. Hace años, estábamos dando juntos un paseo por el huerto del ashram de Amma en San Ramón, California, cuando vio que una mujer que él no conocía, cogía melocotones de los árboles y los metía en su bolso. También tenía fruta en las manos. La mujer se dirigió hacia su coche y, entonces, se le cayeron unos cuantos melocotones de las manos y estos rodaron cuesta abajo. Cuando el devoto del mal genio lo vio, salió corriendo detrás de la fruta, la recogió y, con mucho amor, la metió en el bolso de la mujer. Yo no podía creer lo que estaba viendo. En el pasado, en una situación parecida, este devoto habría gritado y perseguido a la "intrusa" hasta echarla del terreno del ashram. Pero, esta vez, la misma persona corría cuesta abajo detrás de los melocotones, con la única intención de dárselos a la mujer que los había cogido. Más tarde, cuando le pregunté por lo ocurrido, me dijo: "Oh, Swami, si esto hubiera pasado hace unos años, le habría reñido a la mujer por coger fruta que no era suya. Pero, después de llevar tantos años con Amma, no puedo hacer otra cosa que lo que hice".

Es el amor incondicional de Amma el que ha transformado a este devoto y a tantos de sus hijos. A nosotros nos han amado nuestros padres, amigos, marido o mujer, pero ese amor no nos ha transformado. Es el amor del Maestro el que nos transforma.

El poder de nuestros viejos hábitos y de nuestros *vasanas* nos dificulta practicar buenas cualidades en la vida. Pero Amma tiene tanta paciencia con nosotros, es tan amorosa, que dice que está dispuesta a nacer las veces que haga falta por el bien de sus hijos. Además, ella dice que está dispuesta a ayudarnos, no sólo en esta vida, sino también en todas nuestras próximas vidas.

Una tarde, en Amritapuri, fui al estrado de los *bhajans* un poco antes de que comenzaran. Sobre el estrado, me fijé en un recipiente de barro que estaba delante del *pitham* de Amma (una plataforma baja sobre la que Amma se sienta). Le pregunté a uno de los *brahmacharis* encargados de montar el estrado: "¿Qué hace esto aquí?" Me contó que eran las cenizas de una devota de Amma que había muerto hacía poco. Me indignó el hecho de que las cenizas de una persona muerta estuvieran tan cerca de donde Amma se iba a sentar. Como me educaron en una tradición brahmín ortodoxa, no soportaba ver un recipiente con las cenizas de un muerto cerca del *pitham* de Amma, al que yo considero un templo. Inmediatamente, pedí al *brahmachari* que pusiera el recipiente en otro sitio. Yo no quería tocarlo porque para mí era algo impuro. El *brahmachari* se negó con amabilidad diciendo: "Swamiji, Amma quiere que esté sobre el estrado".

"Entonces, ponlo en un extremo y no delante del *pitham* de Amma", le dije. El *brahmachari* hizo enseguida lo que le había pedido. Al cabo de unos minutos, Amma vino para cantar los *bhajans*. Se postró ante los devotos y, en vez de sentarse, se puso de pie sobre el *pitham* y empezó a mirar por el estrado. Cuando localizó el recipiente con las cenizas de la devota, se bajó del *pitham*, se dirigió hacia el recipiente, se agachó y lo cogió y lo llevó a su *pitham* de nuevo. Yo estaba sorprendido, incluso, escandalizado de que Amma mostrara tanto respeto por ese recipiente lleno de cenizas. Debido a mi educación ortodoxa, no entendía lo que Amma había hecho.

Amma tuvo el recipiente muy cerca de sus pies durante los *bhajans* y, a veces, ajustaba su posición. Yo estaba cada vez más inquieto y empecé a sentirme culpable por mi comportamiento, pensando que debían ser las cenizas de una gran devota. Después de los *bhajans*, Amma se levantó de su *pitham* y se agachó para recoger el recipiente. Para entonces, mi actitud había cambiado por completo. Tenía remordimientos por lo que había sentido hacia las cenizas. Inmediatamente, me puse de pie y fui a coger el recipiente para dárselo a Amma. Cuando estaba a punto de tocarlo, Amma me detuvo y me preguntó muy seria: "¿Por qué lo coges ahora? No lo toques". Me sentí como si me hubieran dado con un martillo en la cabeza. De nuevo, intenté ayudar a Amma a levantar el recipiente, pero ella no me lo permitió. Lo cogió ella misma, se marchó del estrado y empezó a caminar hacia la playa, para sumergir las cenizas en el océano.

Para entonces, yo me sentía fatal, pensando en el poco respeto que había mostrado hacia los últimos restos de una gran devota. Me disculpé ante Amma y comencé a caminar a su lado. Me dijo que no la siguiera y continuó andando.

Poco después, tuve la oportunidad de hablar con Amma. Volví a disculparme y le pregunté de quién eran las cenizas.

Amma me dijo que eran de una anciana devota que había soñado durante mucho tiempo con hacer el *pada puja* a Amma. Sin embargo, antes de poder hacerlo, Amma partió de gira por Estados Unidos. La anciana se consoló pensando que podría hacer el *pada puja* cuando Amma regresara de la gira. Pero, cosas del destino, la anciana murió antes de que Amma volviera a la India. Un poco después del regreso de Amma, el hijo de la anciana fue al ashram con las cenizas de su madre. Le dio las cenizas a Amma diciéndole que el último deseo de su madre había sido lavar los pies de Amma en la ceremonia de *pada puja* y pidió a Amma que bendijera el alma de su madre.

En cuanto Amma oyó esto, cogió el recipiente y lo sostuvo cerca de su corazón, cerrando los ojos durante unos minutos. Después, le dijo al muchacho que lo pusiera sobre el estrado durante los *bhajans* de la tarde. A pesar de que aquel día en concreto, Amma estaba muy ocupada dando *darshan* y recibiendo a muchos dignatarios que habían venido de visita, ella no se olvidó de decirle a un *brahmachari* que se asegurase de que las cenizas de la anciana devota estaban sobre el estrado. A lo largo de los *bhajans* de la tarde, Amma había tenido el recipiente cerca de sus pies, imaginando que la mujer estaba haciendo el *pada puja* para ella.

"¡Qué devota con suerte!" pensé para mis adentros. "¡Qué Maestra tan compasiva!"

Os dejo a vosotros que valoréis la profundidad del amor incondicional de Amma. Ella, simplemente, podía haber bendecido las cenizas de la anciana y pedirle al hijo que las sumergiera él mismo en el mar. En cambio, ella se encargó del recipiente y demostró tanto respeto y amor por las cenizas de esta devota que ella misma las llevó al mar. Esto nos enseña que Amma está dispuesta a satisfacer nuestros deseos, incluso después de dejar el cuerpo. Por eso, Amma dice: "Nuestra propia madre biológica se puede encargar de las cosas que necesitemos en este nacimiento, pero Amma se encargará de lo que necesitemos, no sólo en este nacimiento, sino también en todos nuestros nacimientos futuros".

Es sólo el amor de una madre el que mantiene a Amma en su cuerpo. De hecho, Amma puede deshacerse del cuerpo cuando quiera. Hace muchos años, un día mientras hablaba con Amma, me fijé que tenía un insecto en la cabeza. Cuando intenté cogerlo, se metió por su pelo y desapareció de mi vista. Me preocupaba que el insecto mordiera o picara a Amma, así que lo busqué con los dedos para sacarlo de allí. Mientras pasaba los dedos por la cabeza de Amma, me sorprendió tocar un punto muy blando en lo alto de su cabeza. Era tan blando, que parecía que faltaba un trozo de hueso. Entonces, para asegurarme de que su cráneo estaba en buen estado, intenté tocar de nuevo ese punto.

En ese momento, Amma me apartó la mano y dijo: "¿Qué haces?"

Le contesté: "Amma, te pasa algo en la cabeza. Creo que te falta un trozo de hueso".

Amma respondió: "No digas tonterías. A mi cabeza no le pasa nada".

"¿Cómo que no, Amma?" le dije. "Mi cabeza es dura como una piedra".

Amma me pegó, en broma, en lo alto de la cabeza y me contestó: "Ya te la ablandaré yo". Después, hablando en serio, dijo: "Ese es el lugar por donde los yoguis sacan su fuerza vital cuando mueren. (Se refería al *Brahmarandra*). Pueden hacerlo cuando quieran y, así, abandonan el cuerpo". Me sentía estúpido, pero me asombró la respuesta de Amma. Había leído sobre esto en muchos libros, pero nunca había visto ninguna prueba de ello hasta aquel día. Esto nos demuestra que Amma puede dejar su cuerpo cuando desee. Amma sólo permanece en su cuerpo por el infinito amor y compasión que siente por nosotros, sólo para ayudar a sus hijos a superar sus problemas y alcanzar el objetivo de la existencia humana.

Amma nos ofrece su amor a todos y ese amor tiene el poder de sanar todas nuestras heridas internas. Puede transformarnos a todos y a cada uno de nosotros. Intentemos estar abiertos al amor de Amma. Cuanto más nos abramos a él, más nos transformará.

Glosario

Adharma – Sin rectitud. Carencia de virtud y desviación de la armonía natural.

ahamkara – Ego o "el sentimiento de un ser que existe separado del universo".

Amrita Kuteeram – El proyecto de viviendas de Mata Amritanandamayi Math que proporciona casas gratuitas a las familias muy pobres. Hasta ahora se han construido y donado 30.000 viviendas por toda la India.

Amritapuri – Sede internacional de Mata Amritanandamayi Math, situada en el pueblo natal de Amma en Kerala, India.

arati – Ondear una bolita de alcanfor ardiendo ante la imagen de la deidad, que representa, por lo general, el final de una ceremonia.

archana – Comúnmente, se refiere al hecho de recitar los 108 ó 1.000 nombres de una deidad en concreto (p.e. *Lalita Sahasranama*).

Arjuna – Un gran arquero. Uno de los héroes de la epopeya *Mahabharata*. Krishna se dirige a Arjuna en la *Bhagavad Gita*.

Ashtavakra Gita – "Canción de Ashtavakra". Es la conversación entre el rey Janaka y el Maestro Ashtavakra sobre cómo alcanzar el conocimiento del ser.

Atman – El Ser o la Conciencia.

AUM – (También "Om"). Según las Escrituras védicas, es el sonido primordial del universo y la semilla de la creación. Todos los demás sonidos surgen de Om y se convierten de nuevo en Om.

Avatar – Encarnación divina. De la raíz sánscrita "*ava –tarati*", "descender".

avidya – Ignorancia, que es la raíz de todo el dolor.

Ayyappa – La deidad que preside el templo de Sabarimala en Kerala, considerada como la encarnación del Señor Shiva y del Señor Vishnu.

Bhagavad Gita – "Canción del Señor". Las enseñanzas que el Señor Krishna le dio a Arjuna al empezar la guerra Mahabharata. Es una guía práctica para afrontar una crisis en nuestra vida personal o social y es la esencia de la sabiduría védica.

bhajan – Canción devocional.

bhakti – Devoción, servicio y amor por el Señor.

bhava – Estado de ánimo o actitud (véase Devi Bhava).

bhiksha – limosnas.

Bhishma – Patriarca de los Pandavas y los Kauravas. A pesar de que luchó al lado de los Kauravas durante la guerra Mahabharata, era un defensor del *dharma* y fue compasivo con los victoriosos Pandavas.

bhogi – El que disfruta de los placeres de los sentidos.

bhuta yagna – Servicio y protección a otros seres vivos.

Brahma yagna – Auto estudio, práctica y enseñanza de las Escrituras espirituales.

Brahmarandra – La sutil apertura en lo alto de la cabeza a través de la cual el yogui saca su fuerza vital en el momento de su muerte física.

brahmachari – Un discípulo célibe masculino que practica disciplinas espirituales bajo un Maestro. (*Brahmacharini* es el equivalente femenino).

Brahman – La Verdad Absoluta más allá de cualquier atributo. También el sustrato omnisciente, omnipotente y omnipresente del universo.

Brahmajnana – Conocimiento de (experiencia directa de unidad con) *Brahman*.

Templo Brahmasthanam – Surgido de la intuición divina de Amma, estos templos únicos están abiertos a todos, sin tener en cuenta su religión. El icono central tiene cuatro lados en los que aparecen representados Ghanesa, Shiva, Devi y la Serpiente, enfatizando la unidad inherente que subyace bajo los múltiples aspectos de lo divino. En la actualidad, hay 16 templos como estos repartidos por toda la India y uno en Isla Mauricio.

Brahmin – Casta sacerdotal de la India.

Daksha – Uno de los *prajapati* (progenitores) de la humanidad. Padre de Sati, la mujer de Shiva.

darshan – Audiencia con una persona sagrada o una visión de lo divino.

devas – Seres celestiales.

deva yagna – Alabanza a las deidades que presiden los elementos de la naturaleza.

Devi – Diosa. La Madre Divina.

Devi Bhava – "El estado divino de Devi". Estado en el que Amma revela su unidad e identidad con la Madre Divina.

dharma – En sánscrito, *dharma* significa "aquello que sostiene (creación)". Más comúnmente, indica la armonía del universo. Otros significados incluyen: rectitud, deber, responsabilidad.

diksha – Iniciación. Transmisión de la semilla del poder espiritual (en una forma sutil) del Gurú al discípulo.

Gayatri mantra – El mantra con el que una persona es iniciada cuando está cualificada para ser un Brahmin y, por ello, se la autoriza para celebrar varios *yagnas*.

gopa – Los gopas eran pastores de vacas, amigos de infancia de Krishna.

gopi – Las gopis eran lecheras que vivían en la casa donde pasó su infancia Krishna, en Brindavan. Eran fervientes devotas de Krishna. Ejemplifican el amor más intenso por Dios.

Hiranyakasipu – Un demonio que recibió un don por el cual no podía matarlo ningún arma, ni ser humano ni animal, ni de día ni de noche, ni en la tierra ni en el cielo, ni dentro ni fuera de su palacio. Para burlar el poder de este don, el Señor, encarnado en la forma mitad hombre mitad león de Narasimha, puso a Hiranyakasipu en su regazo y lo mató con sus garras, al atardecer, mientras estaba sentado en el umbral del palacio.

irumudi – Manojo de cocos, mantequilla purificada y arroz que los devotos del Señor Ayyappa llevan sobre la cabeza cuando peregrinan a Sabarimala.

janma – Nacimiento.

japa – Repetición de un mantra.

jivanmukti – Liberación mientras todavía se vive en el cuerpo.

Jnani – Una persona que ha realizado a Dios o al Ser. Alguien que conoce la Verdad.

karma – Acciones conscientes. También, la cadena de efectos que originan nuestras acciones.

Kauravas – Los 100 hijos del rey Dhritharasthra y la reina Gandhari, de los cuales el malvado Duryodhana era el mayor. Los Kauravas eran enemigos de sus primos, los virtuosos Pandavas, contra los que lucharon en la guerra Mahabharata.

Krishna – La principal encarnación de Vishnu. Nació en una familia de reyes, pero creció con padres adoptivos y, de joven, fue pastor en Brindavan, donde sus fieles compañeros, los gopas y las gopis, lo amaban y veneraban. Más adelante, Krishna fundó la ciudad de Dwaraka. Fue amigo y consejero de sus primos, los Pandavas, sobre todo de Arjuna, quien le sirvió como auriga durante la guerra Mahabharata y a quien reveló sus enseñanzas en la *Bhagavad Gita.*

Krishna Bhava – "El estado divino de Krishna". El estado en el que Amma revela su unidad e identidad con Krishna. Al principio, Amma solía dar *Krishna Bhava darshan* inmediatamente antes de dar *Devi Bhava darshan*. Durante el *Krishna Bhava* ella no se identificaba con los problemas de los devotos que venían a recibir su *darshan*, sino que permanecía como un testigo. Después, Amma decidió que la gente del mundo moderno necesitaba, sobre todo, el amor y la compasión de Dios como Madre Divina y dejó de dar *Krishna Bhava darshan* en 1985.

Lalita Sahasranama – Los 1.000 nombres de la Madre Divina. Se recitan diariamente en todos los ashrams y centros de Amma tanto en grupos de devotos como en hogares individuales.

lila – Juego divino.

Mahatma – Literalmente, "Gran Alma". Aunque ahora es un término de uso más general, en este libro Mahatma hace referencia a alguien que reside en el Conocimiento y que es uno con el Ser Universal o *Atman*.

Mahabharata – Una de las dos grandes epopeyas históricas indias. La otra es el *Ramayana*. Es un gran tratado sobre *dharma*. La historia trata, sobre todo, del conflicto entre los virtuosos Pandavas y los malvados Kauravas y de la gran guerra en Kurukshetra. Contiene 100.000 versos y es el poema épico más largo del mundo. Fue escrito hacia el año 3200 a.c. por el sabio Vyasa.

mala – Rosario

mantra diksha – Iniciación con un mantra.

Mata Amritanandamayi Devi – Nombre monástico oficial de Amma, que significa Madre de la felicidad eterna. A menudo va precedido de Sri para indicar buena fortuna.

mahati vinashti – Literalmente, "la gran pérdida". Se refiere al hecho de no conseguir realizar al Ser durante nuestra vida.

mithya – Que cambia, por lo tanto, transitorio. También, ilusorio o falso. Según el Vedanta, todo el mundo visible es *mithya*.

naimithika karma – Rituales que se realizan en ocasiones especiales, como bodas, fallecimientos, etc.

Narasimha – Encarnación de Vishnu, mitad león mitad humano. (véase Hiranyakasipu).

nara yagna – Servicio a nuestro prójimo.

nayana diksha – Iniciación mediante la mirada.

nishiddha karma – Actos prohibidos por las Escrituras.

nitya karma – Acciones que debemos realizar diariamente, siguiendo los preceptos de las Escrituras.

Om Amriteswaryai Namah – Mantra que los devotos utilizan para Amma y que significa "Alabada sea la Diosa de la Inmortalidad (Amma)".

Om Namah Shivaya – Poderoso mantra que significa "Me postro ante el Único Eternamente Auspicioso".

pada puja – Ceremonia en la que se lavan los pies del Gurú o sus sandalias como prueba de amor y respeto. Normalmente, se vierte agua pura, yogur, mantequilla purificada, miel y agua de rosas.

pada diksha – Iniciación por contacto del pie.

panchamahayagna – Los cinco grandes sacrificios que el cabeza de familia de un hogar debe observar diariamente para saldar nuestra deuda con la naturaleza y sus fuerzas.

panchamritam – Mezcla dulce de miel, leche, yogur, mantequilla purificada y azúcar.

Pandavas – Los cinco hijos del rey Pandu y héroes de la epopeya Mahabharata.

Parvati – Consorte del Señor Shiva.

pitham – Plataforma baja. Asiento para el Gurú.

pitr yagna – Rituales que se realizan por los antepasados difuntos.

pitr loka – El mundo de los difuntos.

prarabdha – Los frutos de las acciones de vidas anteriores que estamos destinados a experimentar en nuestra vida actual.

prajapati – El primer ser que nació y del que nacieron todas las demás criaturas, incluyendo los seres humanos, demonios y seres celestiales.

prasad – Ofrenda o regalo bendecido que da una persona sagrada o un templo, por lo general, en forma de comida.

prayaschitta karma – Acciones reparadoras. Se realizan para eliminar los resultados negativos de acciones anteriores que fueron intencionadamente perjudiciales.

prana shakti – Fuerza vital.

preyo marga – Afán de felicidad material, como riqueza, poder, fama.

puja – Ritual o ceremonia de alabanza.

punarjanma – Renacimiento.

Puranas – Por medio de ejemplos concretos, ya sean mitos, historias, leyendas, vidas de santos, reyes, grandes hombres y mujeres, alegorías y crónicas de importantes acontecimientos históricos; los *Puranas* pretenden hacer que las enseñanzas de los Vedas sean asequibles para todos.

Rahu – Se refiere a un eclipse de sol por la luna. Se le considera un planeta en la sombra, dentro de la astrología védica.

Rama – El héroe divino de la epopeya Ramayana. Una encarnación del Señor Vishnu. Se le considera el ideal del *dharma* y la virtud.

Rakshasa – Demonio.

Ravana – Poderoso demonio. Vishnu se encarnó en el Señor Rama para matar a Ravana y restaurar así la armonía del mundo.

rishi – Videntes o sabios Auto –Realizados que perciben los mantras.

Sabarimala – Templo dedicado al Señor Ayyappa, situado en Ghats occidental, dentro del Estado de Kerala.

sadhana – Práctica espiritual.

samadhi – Unidad con Dios. Estado trascendental en el que se pierde todo sentido de identidad individual.

samsara – El ciclo de nacimientos y muertes.

Sanatana Dharma – "El modo de vida eterno". Nombre tradicional y original del hinduismo.

sankalpa – Resolución divina.

sannyasin – Un monje que ha hecho votos solemnes de renuncia (*sannyasa*). Un *sannyasin* lleva, tradicionalmente, un ropaje de color ocre que representa la desaparición de todos los deseos. El equivalente femenino es *sannyasini*.

Satguru – Literalmente, "Verdadero Maestro". Todos los *Satgurús* son Mahatmas, pero no todos los Mahatmas son *Satgurús*. El *Satgurú* es alguien que, mientras experimenta el éxtasis del Ser, elige descender al nivel normal de la gente para ayudarnos a crecer espiritualmente.

Sati – Hija de Daksha, mujer de Shiva. Incapaz de soportar las críticas de Daksha a Shiva, Sati se inmoló mediante el fuego yóguico provocado dentro de sí misma. Más adelante, volvió a nacer como Parvati y se convirtió en consorte de Shiva.

satsang – Estar en comunión con la Verdad Suprema. También significa estar en compañía de los Mahatmas, escuchar un discurso o debate espiritual y participar en prácticas espirituales grupales.

seva – Servicio desinteresado. Sus resultados se ofrecen a Dios.

Shankaracharya – Mahatma que restableció, mediante sus obras, la supremacía de la filosofía *Advaita* de la no –dualidad en una época en la que el *Sanatana Dharma* estaba en declive.

Shiva – Venerado como el primero y principal en el linaje de los Gurús y como el sustrato sin forma del universo en relación con la creadora Shakti. Es el Señor de la destrucción (del ego) en la trinidad de Brahma (Señor de la creación), Vishnu (Señor de la preservación) y Shiva. Se le representa, normalmente, como un monje, con el cuerpo cubierto de ceniza, serpientes en el pelo, vistiendo sólo un taparrabos y con un platillo para limosnas y un tridente en las manos.

Sita – Consorte sagrada de Rama. En la India, se la considera el ideal de feminidad.

smarana diksha – Iniciación mediante el pensamiento.

sparsha diksha – Iniciación por contacto físico.

sreyo marga – La búsqueda de la máxima felicidad; es decir, la Auto –Realización.

Sudhamani – El nombre que sus padres dieron a Amma cuando nació y que significa "joya de ambrosía".

tapas – Austeridades, penitencia.

Tiruvannamalai – Ciudad a los pies de la colina sagrada Arunachala en el Estado de Tamil Nadu, al Sur de la India. El famoso santo Ramana Maharshi vivió allí.

tattva bhakti – Devoción que se basa en el conocimiento o entendimiento correcto de la verdadera naturaleza del Gurú o de Dios.

Upanishad – Partes de los Vedas que tratan sobre la filosofía del no –dualismo.

vasanas – Tendencias latentes o deseos sutiles dentro de la mente, que se manifiestan como actos y hábitos.

Vedanta – "El fin de los Vedas". Se refiere a los Upanishads, que tratan sobre *Brahman*, la Verdad Suprema y el camino para realizar esa Verdad.

Vedas – Las más antiguas de las Escrituras. Los Vedas no fueron compuestos por ningún autor humano, sino que fueron "reveladas" en meditación profunda a los antiguos *rishis*. Los mantras que componen los Vedas están siempre en la naturaleza, en forma de sutiles vibraciones. Los *rishis* alcanzaron un estado de gran interiorización, en el que pudieron percibir esos mantras.

védico – De o relacionado con los antiguos Vedas.

viveka – Discernimiento. Sobre todo, el discernimiento entre lo permanente y lo transitorio.

vairagya – Desapego. En especial de todo lo transitorio; es decir, del mundo visible.

vibhuti – Cenizas sagradas (santificadas normalmente por la bendición del Gurú).

yagna – Sacrificio, en el sentido de ofrecer algo en alabanza o realizar una acción para beneficio personal y comunitario.

yoga – "Unir". Unión con el Ser Supremo. Es un término amplio, pues también se refiere a los distintos métodos prácticos por los que se puede alcanzar la unidad con lo divino. Camino que conduce a la Auto –Realización.

yogi – Que practica o es adepto al yoga.